Geduld und Ausdauer 211
Distanz und Prüfung 213
Freude und Liebe 215
Formen und Rituale 222
»Sieben Tage, was liegt daran?« 229
Anmerkungen 233
Abkürzungen 239
Abbildungsnachweise 240

Vorbemerkung

Warum werden immer wieder Bücher über »Buddhismus« geschrieben? Weil es immer wieder Menschen gibt, die sich mitteilen und über ihre »Annäherungsversuche an den Vollerwachten« berichten möchten.

Im vorliegenden Fall war da allerdings eine Anfrage vom Verlag, ob ich ein »Einsteigerbuch über den Buddhismus« schreiben wolle; weil das eine Chance war, Erfahrungen aus fast dreißig Lehrjahren zusammenzufassen, bin ich schließlich darauf eingegangen. Sie begannen 1964 mit einem dreijährigen Aufenthalt in Benares; schrittweise ging es dann von der sozialwissenschaftlichen Fragestellung über moderne Formen von »Dorfentwicklung und Dorfdemokratie in Indien« weiter zu Gandhi und der buddhistisch inspirierten Sarvodaya-Bewegung in Sri Lanka. Von dort war es nicht mehr weit bis zur Forest-Hermitage in Kandy, wo ich im März 1978 ein erstes langes Gespräch mit dem Mönchsgelehrten Nyanaponika Mahathera hatte. Dadurch (mit)bedingt waren dann viele Aktivitäten der folgenden Jahre: Lehrveranstaltungen über »Buddhismus in Deutschland«, Arbeiten über die Fehlrezeption von Max Webers Hinduismus- und Buddhismus-Studien, Mitwirkung in der Deutschen Buddhistischen Union und bei den Bemühungen um staatliche Anerkennung einer buddhistischen Religionsgemeinschaft, Interviews mit verschiedenen buddhistischen Lehrerinnen und Lehrern über »Wegzeichen« ihrer Praxis, vor allem aber immer wieder auch Versuche des Selbersehens in Sesshins und Retreats.

Und welche Form des Buddhismus »vertritt« der Autor dieses Buches heute, für welches »Fahrzeug« hat er besondere Zuneigungen entwickelt? So wichtig die Kontinuität einer bestimmten Übungspraxis auch ist, halte ich von Abgrenzungen und Schulstreitigkeiten nicht viel. Aufgrund meiner intensiven Zeit in einem Dorf am altehrwürdigen Pilgerpfad um Benares bilde ich mir ein, etwas vom Lebensgefühl der Menschen aufgenommen zu haben, zu denen Buddha einmal gesprochen hat. Die »Rahmenhandlungen« vieler Lehrreden des Pali-Kanon sind daher für mich sehr präzise Beschreibungen genau dessen, was ich oft genug selbst miterlebt, worüber ich mich mit nordindischen Menschen gefreut und woran ich mit ihnen gelitten habe.

So wurde »Buddhismus« für mich zu einer nachgerade natürlichen Weiterentwicklung der hinduistischen Lehrjahre; offen versuche ich daher allen zeitgenössischen Versuchen zu begegnen, den Dhamma im Westen zu vermitteln, sofern die Grundlagen der Lehre dabei nicht verwischt werden. Entsprechend ist auch der folgende Text gegliedert:

Buddha der Lehrer, *Dhamma* die Lehre, *Magga* der Weg und *Sangha* die Weggemeinschaft – was war und was bedeutete das eigentlich, bevor sich der »Buddhismus« mit einer Vielfalt von Schulen und Praktiken daraus entwickelt hat? Nach diesem grundlegenden ersten wird im zweiten Teil des Buches die Entwicklung des Buddhismus im deutschsprachigen Westen kurz skizziert und an Beispielen illustriert, welche besonderen Fragen an Lehre und Gemeinschaften heute gestellt werden und welche Antworten darauf bislang gefunden wurden. Hinweise zum Aufbau einer eigenen kleinen »Handbibliothek«, ein Überblick über buddhistische Zentren und meditative Übungsstätten sowie Empfehlungen für die eigene Praxis laden im dritten Teil zum Selbergehen ein.

Die Trennung der Darstellung in »reine Lehre« damals und vielgestaltige Praxis heute ist allerdings nicht so eindeutig, wie es die Gliederung andeutet. Ich habe die »klassischen Passagen« im ersten Teil immer wieder mit zeitgenössischen Kommentaren und illustrierenden Exkursen durchsetzt, die das Verständnis der ungewohnten Gedankengänge erleichtern und zum eigenen Beobachten des Hier und Jetzt auffordern sollen. Ebenso wird auch im zweiten und dritten Teil immer wieder auf Anfänge des »Buddhismus« verwiesen, um bestimmte Phänomene bei seiner Entwicklung auch heute richtig verstehen zu können.

Was hat Buddha gelehrt, und welche Einsichten hat er wie umgesetzt? Darauf läßt sich ganz kurz und einfach antworten: Buddha lehrte die Ursachen unserer immer neue Unzufriedenheiten bedingenden Verhaftungen erkennen und zeigte, wie wir von solchem *Dukkha* (Unzufriedenheit) zu einer neuen Form von *Sukha* (Glück) gelangen können. Allerdings leuchteten seine gegen den Strom üblicher Orientierungen gerichteten Wegweisungen auch schon vor zweitausendfünfhundert Jahren den Menschen im nördlichen Indien nicht ohne weiteres ein; auch Buddha mußte meist viele Worte benutzen, um ihnen andeutungsweise zu vermitteln, was er im Zustand wortlosen Erkennens durchschaut hatte und wohin er auch andere zu gehen lehren wollte:

Willkommen sei mir ein einsichtiger Mensch; offen, ehrlich und von aufrechtem Wesen. Ich unterweise ihn in der rechten Lebensführung und zeige ihm das Gesetz des Daseins auf.
Wenn er nach dieser Unterweisung sich übt, dann wird er bald selber erfahren und selber sehen, daß er vom Wahn befreit wird. (M 80)

Nach dieser stimulierenden Einladung zum eigenen Erfahren und Selbersehen nur noch einige Bemerkungen zu den Quellen. Da ich aus dem Pali nicht selber übersetzen kann, habe ich, wo immer möglich, verschiedene deutsche Fassungen der jeweils zitierten Passagen verglichen und dann Formulierungen zu finden versucht, die für das heutige Sprachempfinden nicht zu fremd erscheinen sollten. Die Originalquelle wird jeweils über Abkürzungen (hier zum Beispiel als M 80) nachgewiesen, die auf Seite 239 erläutert sind. Diakritische Zeichen habe ich nicht übernommen; zum einen werden sie nicht einheitlich gehandhabt, zum anderen stiften sie unter Nichtkennern nur unnötige Verwirrung. Darf ich also auf die Toleranz der Textgelehrten hoffen und annehmen, daß sie das von ihnen so sorgsam gehütete »Pāli« (wörtlich = Text) auch als schlichtes Pali noch wiedererkennen können?

Teil I

Buddha – der vollendete Lehrer

Wie der Vollendete spricht, so handelt er; und wie er handelt, so spricht er. So ist er also einer, der spricht, wie er handelt, und der handelt, wie er spricht; eben darum heißt er der Vollendete. (A IV,23)

Siddhatta Gotama wurde als Sohn des Sakka-Adeligen Suddhodana um 560 v. Chr. geboren; sein Vater war Gouverneur, und dem Prinzen mangelte es an nichts. Gemessen an den Umständen seiner Zeit erlebte er eine wahrhaft märchenhafte Jugendzeit in Kapilavatthu, so hieß die damalige Hauptstadt der Sakka. Sie lag ziemlich genau nördlich von Benares im heutigen indisch-nepalischen Grenzgebiet, von wo aus bei klarem Wetter die Himalaja-Vorberge zu sehen sind. Als er dieses Wohlleben im Palast hinter sich gelassen und zu einem von allem Verlangen und Verwünschen befreiten Dasein erwacht war, erläuterte Buddha (wörtl. »der Erwachte«) es seinen Zuhörern einmal so:

Sorgenlos lebte ich, äußerst sorgenlos. In der Wohnung meines Vaters hatte man für mich Lotusteiche anlegen lassen; an einer Stelle blühten blaue Lotusblumen, an einer Stelle weiße, an einer Stelle rote; und dies bloß um meinetwillen. Nicht benutzte ich andere Salben als solche aus Benares. Aus Benaresstoff war mein Turban, aus Benaresstoff meine Jacke, aus Benaresstoff mein Überwurf. Tag und Nacht wurde ein weißer Schirm über mich gehalten, damit ich nicht durch Kälte, Hitze, Staub, Grashalme oder Tau belästigt werde. Drei Paläste besaß ich, einen für den

Winter, einen für den Sommer und einen für die Regenzeit. Im Regenzeit-Palast war ich während der vier Monate ausschließlich von weiblichen Musikanten umgeben, und nicht verließ ich während dieser Zeit den Palast. Während in den Häusern anderer den Dienern und Knechten ein Gericht aus Bruchreis gereicht wird und als zweites eine saure Reissuppe, so wurde im Hause meines Vaters den Knechten und Dienern ein aus gutem Kochreis und Fleisch bestehendes Gericht verabreicht. (A III, 39)

Enttäuschungen

Solch üppige Sorglosigkeit wird dem jungen Mann um so fragwürdiger, je deutlicher er mit den Realien des Lebens konfrontiert wird und dessen leidhafte Vergänglichkeit zu erkennen beginnt. Später wurde dieser Entwicklungsprozeß heilsamer Ent-Täuschungen dann illustriert mit der historisch nicht belegten Geschichte von den Ausfahrten, bei denen dem Prinzen durch die Begegnung mit einem Greis, einem Kranken und einer Leichenprozession das Alter, die Krankheit und der Tod anschaulich werden:

»Lasse mir prächtige Wagen bespannen, wir wollen eine Ausfahrt machen, in die schöne Umgebung hinaus.«
»Sehr wohl, Hoheit«, sagte gehorsam der Wagenlenker. Der Prinz bestieg einen prächtigen Wagen und fuhr, gefolgt von manchen anderen, in die Gegend hinaus, nach einem Garten hin. Da sah er auf seiner Fahrt einen alten Mann, giebelförmig geknickt, verkrümmt, auf Krücken gestützt schlotternd dahinschleichen, siech und welk. Als er ihn gesehen, wandte er sich an den Wagenlenker:
»Was hat nur dieser Mann getan? Seine Haare sind doch nicht wie bei anderen, sein Leib ist doch nicht wie bei anderen!«

»Das ist, Hoheit, ein Alter, wie man sagt.«
»Was ist das, ein Alter, wie man sagt?«
»Der hat, Hoheit, nun nicht mehr lange zu leben.«
»Wie aber: bin auch ich dem Alter unterworfen, kann dem Alter nicht entgehn?«
»Auch du, Hoheit, wir alle sind dem Alter unterworfen, können dem Alter nicht entgehn.«
»Wohlan denn, es ist genug für heute mit der Gartenfahrt, laß uns zurückkehren.« (D 14)

Als Lehrer reflektierte Buddha die zumeist verdrängte Grunderfahrung der Vergänglichkeit des Körpers so:

»Wahrlich, der unkundige Weltling, selber dem Alter unterworfen, ohne dem Alter entrinnen zu können, ist bedrückt, entsetzt und ekelt sich, wenn er einen Gealterten sieht; sich selber aber läßt er dabei außer acht. Doch auch ich bin ja dem Alter unterworfen, kann dem Altern nicht entgehen. Würde ich nun, der ich dem Alter unterworfen bin, dem Altern nicht entgehen kann, beim Anblick eines Gealterten bedrückt sein, mich entsetzen und ekeln, so wäre das nicht recht von mir.«
Indem ich so dachte, schwand mir jeglicher Jugendrausch. (A III, 39)

War der Jugendrausch also die erste Illusion, von der die Begegnung mit einem »giebelförmig geknickten« alten Menschen den Prinzen heilte, so enttäuschte die Konfrontation mit einem »schwer bresthaft, mit Kot und Harn beschmutzt daliegenden« Kranken, der »von anderen gehoben und bedient werden mußte«, ihn vom Gesundheitsrausch. Nach der dritten Ausfahrt und der Begegnung mit einer Leichenprozession folgte schließlich die Enttäuschung vom naiven Lebensrausch insgesamt, über den Buddha einmal reflektierte:

»Der unkundige Weltling, selber dem Tode unterworfen, ist bedrückt, entsetzt und ekelt sich, wenn er einen Gestorbenen sieht. Doch auch ich bin ja dem Tod unterworfen, kann dem Tod nicht entgehen. Würde ich nun beim Anblick eines Gestorbenen bedrückt sein, mich entsetzen und ekeln, so wäre das nicht recht von mir.«
Indem ich so dachte, schwand mir jeglicher Lebensrausch. (A III, 39)

Wie mit solchen Enttäuschungen, das heißt dem Wissen um die Wirklichkeit des Lebensprozesses, umgehen? Wie damit in der Welt, im Palast zumal, weiterleben? Die Legende berichtet von einer weiteren Ausfahrt, bei der dem Prinzen »ein kahlgeschorener Mann, ein Pilger im fahlen Gewand« begegnete; er befragte ihn nach seinem besonderen Weg und beschloß, diesem Beispiel der Entsagung und Selbstläuterung zu folgen.

Der historische Buddha Sakkamuni (wörtlich »der Weise aus dem Geschlecht der Sakka«) erwähnte in seinen Lehrreden nicht eine derart spektakuläre Konfrontation zwischen Palast und Eremitage, sondern erklärt, wie ihm das Ungenügen an der eigenen Soheit Anlaß genug war, nach Wegen der Befreiung zu fragen:

»Wie, wenn ich, der ich das Übel von Alter, Krankheit und Tod erkannt habe, nach dem suchen würde, was von ihnen frei ist, nach dem höchsten Frieden, nach dem *Nibbana*?« (M 26)

So ging er, neunundzwanzig Jahre alt, gerade Vater eines Sohnes geworden, aus dem Palast und tauschte die vorgezeichnete Laufbahn eines Feudalherrn gegen den ungewissen Heilsweg eines Wanderbettlers ein, um befriedigendere Antworten auf seine existentiellen Fragen zu finden, als die Hofbrahmanen ihm geben konnten.

Belehrungen und Askese

Dem eigenen Bericht zufolge wanderte Siddhatta zunächst nach Südosten zur Schule von Alara Kalama und bat ihn um Erlaubnis, unter seiner Anleitung »das religiöse Leben führen« zu dürfen:

Darauf sagte er zu mir: »Diese Lehre ist so beschaffen, daß ein intelligenter Mann binnen kurzem die gleiche Erkenntnis wie sein Lehrer verwirklicht und darin verweilt.« Tatsächlich machte ich mir diese Lehre rasch und in kurzer Zeit zu eigen. Aber ich leistete nur Lippendienst, plapperte nur eine gelernte Lehre nach und behauptete dabei wie die anderen, ich erkenne und sähe sie aus eigener Einsicht. (M 26)

Als der kritische Schüler daraufhin den Lehrer befragt, inwiefern der denn die von ihm dargelegten Lehrinhalte tatsächlich auch selber erkannt habe, legt ihm Alara »den Bereich der Nichtsheit dar«, den sein Schüler dann ebenfalls in kurzer Zeit selber zu erreichen und kultivieren versteht – allerdings ohne daß ihn diese Erfahrung sonderlich zu befriedigen vermag. Er schlägt das Angebot ab, künftig gemeinsam mit Alara die Schule zu leiten:

Ich dachte: »Diese Lehre führt nicht zur Abkehr, zur Leidenschaftslosigkeit, zum Aufhören, zur Beruhigung, zur Erkenntnis, zum Erwachen, zum *Nibbana*, sondern lediglich bis zum Bereich der Nichtsheit.« Da hatte ich genug von dieser Lehre, verwarf sie und wandte mich von ihr ab. (M 26)

Nach dieser ersten Enttäuschung mit fremder Belehrung folgt ein neuerlicher Versuch in der Schule des Uddaka Ramaputta, in der Siddhatta sich ebenfalls binnen kurzem die

Lehrinhalte derart zu eigen zu machen vermag, daß ihm dieses Mal nicht nur die partnerschaftliche Teilhabe, sondern die Gesamtleitung der Schule angeboten wird, weil der Lehrer erkennt, daß sein Schüler schon weit über ihn hinausgelangt ist. Doch Siddhatta lehnt dankend ab; er hat den väterlichen Palast nicht hinter sich gelassen, um zum Rektor einer religiösen Bildungsanstalt zu avancieren.

Er erwog auch keinen erneuten Wechsel der Lehrer mehr, sondern beschloß, eigene Wege der Askese zu gehen:

Ich wanderte nun, das wahre Heil zu suchen, im Magadha-Lande von Ort zu Ort und kam in die Nähe der Burg Uruvela. Dort sah ich einen entzückenden Fleck Erde: einen heiteren Waldesgrund, einen hell strömenden Fluß – zum Baden geeignet und erfreulich – und rings umher Wiesen und Felder. Da kam mir der Gedanke: »Entzückend wahrlich ist dieser Fleck Erde – das genügt wohl einem edlen Sohn zur Askese.« (M 26)

Hier mutete sich Siddhatta in den folgenden sechs Jahren ein Programm asketischer Entsagungen gegen Körper und Sinne zu, wie es in der einfallsreichen Konsequenz wohl nur wenige Sucher der damaligen Zeit auszuhalten vermochten. Wozu führte es?

»Was für schmerzliche, brennende, bittere Gefühle Asketen je erfahren haben oder noch empfinden werden: Das ist das Höchste, weiter geht es nicht«, so dachte ich. Und doch erlangte ich durch diese Quälereien nicht das eigentliche Ziel, die reine Erkenntnis, die alles Menschliche übersteigt. »Sollte es nicht doch einen anderen Weg zum Erwachen geben?« (M 36)

Aber war nicht alles schon versucht worden? Was blieb jetzt, nach fast sieben Jahren enttäuschender Belehrungen und erschöpfender Kasteiungen und Entsagungen, noch zu tun oder zu lassen? Ein Bild aus den Tagen seiner frühen Kindheit stieg in dem ausgemergelten Siddhatta auf, und er erinnerte sich, wie er mit reinem Anfängergeist seinem Vater zuschaute, der an einer Fruchtbarkeitszeremonie auf den Feldern teilnahm:

Ich erinnerte mich, daß ich im kühlen Schatten eines Rosenapfelbaumes saß und mich frei fühlte von Wünschen und Sorgen, frei von dem Verlangen nach Sinnengenüssen und von unheilsamen Regungen, und die mit Nachdenken und Forschen verbundene, von Freude und Wohlbehagen erfüllte erste Stufe der Versenkung erreichte. Und ich dachte: »Dies könnte der Weg zum Erwachen sein«, und sagte mir dann: »Dieses Glück ist nicht leicht zu erreichen für einen, dessen Körper allzu sehr abgemagert ist. »Und ich nahm wieder ausreichend Speise zu mir, Reisbrei und saure Reissuppe. (M 36)

So begann also die später als »mittlerer Weg« bezeichnete Einsicht aufzuscheinen, wurde ein Übungsprozeß der notwendigen Achtsamkeit auf die Zuständlichkeiten des Körpers bei gleichzeitiger Kultivierung der dabei entstehenden Gefühle, Geisteszustände und Geistesinhalte entwickelt. Zunächst aber folgte eine neuerliche Enttäuschung, die in der besonderen Situation vielleicht als Befreiung empfunden wurde: Die fünf Asketen, die sich ihm während der rigorosen Übungen angeschlossen hatten und überzeugt waren, daß, wenn überhaupt, dann wohl nur Siddhatta das erreichen würde, was sie alle erstrebten, wandten sich jetzt von ihm ab mit den Worten: »Üppig wird der Asket Gotama, der Askese untreu, zugeneigt der Üppigkeit.«

Erwachen

Wie sich in den folgenden Wochen zeigen sollte, waren die intensiven meditativen Übungen bei Alara Kalama, der dem jungen Siddhatta zu Beginn seiner Lehr- und asketischen Übungsjahre vermittelt hatte, wie »der Bereich der Nichtsheit« zu erreichen ist, nicht umsonst gewesen. Verknüpft mit der Erinnerung an die als Kind erreichte, »von Freude und Wohlbehagen erfüllte« Versenkung ergab sich daraus eine meditative Praxis der rechten Sammlung, deren vier aufeinander aufbauende Stufen der Erwachte später in der Lehrrede über die Grundlagen der Achtsamkeit (D 22) ausführlich beschrieb:

– Das Aufhören unheilsamer Sinnesregungen und Geisteszustände: »(Noch) von Gedankenfassen und Überlegen begleitete, durch Abgeschiedenheit gezeugte, von Verzückung und Glück erfüllte *erste Vertiefung*.«
– Die Beruhigung des Nachdenkens und der Erwägungen: »Von Gedankenfassen und Überlegen freie, durch Sammlung gezeugte, (noch) von Verzückung und Glücksgefühl erfüllte *zweite Vertiefung*«.
– Überschreiten dieses Glücksgefühls, gleichmütiges, achtsames, klar bewußtes Verweilen im reinen Wohlbefinden: »Er empfindet in seinem Innern ein Glück, von dem die Kundigen sagen: ›Glücklich weilt der Gleichmütige, Achtsame‹; so gewinnt er die *dritte Vertiefung*.«
– Überschreiten auch noch dieser Stufe von Befindlichkeit reinen Wohls und »Erreichen des leidlosen, freudlosen, durch Gleichmut und Achtsamkeit geläuterten Zustands der *vierten Vertiefung*.«

Der mittlerweile fünfunddreißig Jahre alte Siddhatta wäre nicht zum Erwachten (Buddha) geworden, wäre er auf der systematischen Kultivierung dieses außerordentlichen Bewußtseinszustandes sitzengeblieben. Im Unterschied zu vielen, damals wie besonders auch heute mit außerordentlichen Bewußtseinszuständen jonglierenden Heilsdeutern waren ihm die erreichten Fähigkeiten zum leidenschaftslosen und reinen, herkömmliche Sichtweisen der Welt transzendierenden Wahrnehmen nicht Selbstzweck, sondern immer nur Mittel zum Zweck. Er wollte nicht den alltäglichen Frust durch besondere, in Workshops und Selbsterfahrungsgruppen zelebrierte Lust kompensieren, sondern einen andauernden Zustand des In-der-Welt-Seins erreichen, der jenseits der leidhaften Daseinsufer gefühliger Zuschreibungen von angenehm und unangenehm angesiedelt ist und unsere durch Zu- und Abneigungen bedingten Verletzbarkeiten hinter sich gelassen hat. Dieses Erwachen, mit dem auch die Entwicklung eines über *Dukkha* (Unzufriedenheit) hinausführenden Weges beginnt, soll in einer Vollmondnacht des Monats Vesakha (April/Mai) 528 Jahre vor Beginn unserer Zeitrechnung stattgefunden haben. Buddha beschreibt es (M 36) als einen dreistufigen Prozeß:

– *Während der ersten Nachtwache* erinnerte er sich »an mancherlei Vorexistenzen mit den jeweils charakteristischen Zügen und Umständen«. Er erkannte: »Dort war ich, so war mein Name, so meine Familie, meine Kaste, mein Lebensunterhalt, dieses Glück und Leid habe ich durchgemacht, so war mein Lebensende. Nachdem ich dort gestorben war, trat ich an jenem Ort wieder ins Leben, so war mein Name ...«

– Dieses Wissen um die eigenen Entwicklungen wird *während der zweiten Nachtwache* verknüpft mit dem kausalen Bedingungsgesetz (*Kamma*) und angewandt auf die Werdeprozesse ganz generell: »Ich sah, wie die Wesen vergehen und wieder erstehen, wie ihnen je nach ihren Taten günstige oder schlechte Wiederverkörperung zuteil geworden war.«

– Vor Anbruch des neuen Tages, während der *dritten Nachtwache* also, scheint schließlich das befreiende Wissen auf. »Ich erkannte wirklichkeitsgetreu: Dies ist das Leiden, dies seine Ursache, dies seine Aufhebung, dies der Weg zu seiner Aufhebung. Und indem ich dies erkannte und einsah, wurde mein Geist von Lust, Daseinsbegierde und Unwissenheit befreit. Das Wissen ging mir auf: Vernichtet ist für mich die Wiedergeburt, verwirklicht habe ich das religiöse Leben, was zu tun war, ist getan, diese Art von leidhaftem Leben gibt es für mich nicht mehr!«

Sich Mitteilen – was mit wem teilen?

»Was zu tun war, ist getan...«, wäre es dabei geblieben, stünde dieser Text jetzt nicht auf dem Papier. Immerhin aber machte Buddha nach seinem Erwachen einige Anfechtungen durch, bis er sich zu dem Versuch entschloß, das Erkannte an andere weiterzugeben. Später berichtete er, wie er sich den Gegensatz zwischen den vielen Entsagungen des eigenen Weges und dem ganz normalen Wahn-Sinn auch schon der damaligen Zeitgenossen vergegenwärtigte:

Gefunden habe ich diese Lehre, die tiefe, schwer ersichtliche, schwer begreifbare, nicht im Bereich von Schlußfolgerungen liegende, nur Weisen verständliche. Vergnügungsfreudig aber ist dieses Geschlecht, dem Vergnügen zugeneigt. Für dieses vergnügungsfreudige Geschlecht aber ist das ein schwer ersichtlich Ding, nämlich die gegenseitige Abhängigkeit, das »Zusammenstehen in Abhängigkeit von«. Und auch das ist schwer ersichtlich, nämlich das Zurruhekommen allen Werdens, das Schwinden des Lebensdurstes, die Entsüchtung, das Verlöschen.
Wenn ich nun die Lehre zeigen würde, und die anderen würden mich nicht verstehen, so würde ich dadurch nur

Mühsal und Ärger haben: Diese gegen den Strom gehende, schwierige Lehre ist nicht für Gier- und Haß-Verlorene. (M 26)

Diese nur auf die eigene Wohlfahrt bedachten Überlegungen weichen am Ende der mitleidsvollen Einsicht in die karmisch gewirkte Vielfalt menschlicher Existenzlagen. Nicht alle Wesen waren quasi taub für eine neue Botschaft, es gab ganz gewiß welche, bei denen das Beispiel und die Belehrung eines *Tathagata*, eines »so (schon vorweg) Gegangenen«, genügte, um die Wasser der Wohl- und Wehegefühle überwinden zu helfen. Mit dem Gleichnis vom Lotus wird das anschaulich gemacht:

Gleichwie in einem Lotusteich einige Lotusblumen in der Tiefe des Wassers leben, andere bis zum Wasserspiegel dringen und wieder andere aus dem Wasser emporragen und unbenetzt dastehen: Ebenso auch sah ich, mit dem Buddha-Auge die Welt überblickend, wenig und viel verunreinigte Wesen, scharfsinnige und stumpfsinnige, leicht zu belehrende und schwer zu belehrende. (M 26)

Mit dem Ausruf »Geöffnet seien für alle, die Ohren haben zu hören, die Tore der Todlosigkeit« wird der quietistische Rückzug in die Idylle der Einsiedelei verworfen und die Rückkehr auf den Markt angetreten. Die Lotusblüte aber wurde in allen buddhistisch beeinflußten Ländern zum Symbol für ein Leben in der Welt, das sich mitzuteilen bereit ist, ohne bekehren zu wollen, und zur mitleidsvollen Zuwendung zu allen Wesen hinführen soll.

Wem also sich mitteilen? Die beiden Lehrer der Anfangsjahre wären gewiß aufnahmebereit und auch verständig genug gewesen, doch waren sie inzwischen verstorben. Die fünf Mit-Asketen jedoch, die Siddhatta verlassen hatten, als er den gemeinsamen Weg extremer Selbstquälereien verlassen hatte und ihrer Meinung nach »üppig geworden war«, die würden ihm sicher folgen können. Abschied daher, nach vier Wochen des befreiten Rückblicks auf das selbst Erwirkte, vom heute Bodh-Gaya genannten Ort des Erwachens unter dem Bodhi-Baum (*ficus religiosa*), eine knappe Tageswanderung südlich von Gaya gelegen.

Schon auf der ersten Etappe der etwa vierzehntägigen Bettel-Wanderschaft nach Benares, wo Buddha seine ehemaligen Freunde am »Seherstein« vermutet, kommt es zu einer Begegnung, die ihm anschaulich macht, daß wirklich nicht alle Wesen sich so weit aus den Wassern irriger Meinungen erhoben haben, daß sie »klar und unbenetzt« seine gegen den Strom gehende Lehre verstehen können:

Es begegnete mir auf dem Weg vom Baum der Erwachung nach Gaya Upako, ein nackter Büßer; und als er mich gesehen hatte, da fragte er:
»Heiter, o Bruder, ist dein Angesicht, hell die Hautfarbe und rein! Um wessen willen bist du hinausgezogen? Wer ist wohl dein Meister? Oder zu wessen Lehre bekennst du dich?« (M 26)

Im freudigen Bewußtsein seines durch eigene Einsicht erreichten Erwachens, bestätigt sicher auch durch die dem nackten Asketen schon äußerlich auffällige Befreiung, antwortete Buddha darauf:

> Allüberwinder, Allerkenner bin ich,
> Von allen Dingen ewig abgeschieden,
> Verlassend alles, lebenswahngeläutert,
> durch mich allein belehrt, wen kann ich nennen?
> Der Wahrheit Reich erricht' ich nun
> Und wandre zur Benaresstadt
> Erdröhnen soll in finstrer Welt
> Die Trommel der Unsterblichkeit.

Ungläubig fragt darauf Upako zurück, ob sein Gegenüber wirklich glaube, das Heilsziel erreicht zu haben. Buddha bestätigt ihm das erneut mit einem überschwenglichen Vers. Darauf Upako kopfschüttelnd: »Wenn's nur wäre, Bruder!«

Auch im Wildpark von Isipatana, dem heutigen Sarnath, begegnet man dem Erwachten zunächst mit Skepsis. Als die Asketen ihn in der Ferne erblicken, verabreden sie, ihn nicht sonderlich zu beachten und nur gewisse Grundregeln der unter Asketen üblichen Höflichkeit einzuhalten:

Da kommt jener Asket Gotamo heran, der Üppige, der von der Askese abgefallen ist. Wir wollen ihn weder begrüßen noch uns erheben, um ihm Mantel und Schale abzunehmen; aber ein Sitz sei zugewiesen: Wenn er will, dann mag er sich setzen. (M 26)

Je näher der Erwachte aber kommt, desto weniger vermögen sie an ihrem diskriminierenden Entschluß festzuhalten. Sie gehen dem alten Freund doch entgegen, nehmen ihm Mantel und Schale ab und bereiten sogar ein Fußbad. Doch als sie ihn dann mit seinem ehemaligen Namen brüderlich anredeten, wird ihnen vom Buddha bedeutet, daß diese Art des Umgangs nicht mehr statthaft sei:

Nicht gehet den Vollendeten mit dem Namen und dem Bruderworte an: Heilig (d.h. heil geworden, geheilt also) ist der Vollendete, der vollkommen Erwachte. Leihet mir Gehör, die Todlosigkeit ist gefunden; ich lege die Lehre dar, deren Führung folgend ihr in kurzer Zeit das Ziel, die höchste Vollendung noch zu Lebzeiten euch offenbar machen, verwirklichen und erringen werdet. (M 26)

Die Mitteilung stößt zunächst auf ungläubige Zweifel. »Wie magst du denn jetzt, wo du üppig geworden und von der Askese abgefallen bist, das überirdische Heiltum der Wissensklarheit besitzen?« wird Buddha entgegengehalten. Dreimal antwortet er auf solche Fragen mit der Versicherung, daß er ganz und gar nicht üppig geworden, sondern sein Denken vom falschen Wahn derart geheilt sei, daß er mit bereinigtem Gemüt die Tore zur Todlosigkeit habe entdecken können. Schließlich als quasi letzter Versuch der Vermittlung dann die eindringliche Frage: »Entsinnt ihr euch, daß ich zuvor schon jemals derart zu euch gesprochen hätte?« »Nein«, heißt es, und der Erwachte bekommt die Chance, das »Rad der Lehre« in Bewegung zu setzen:

Es gelang mir, den fünf Verbündeten meine Erkenntnis mitzuteilen. Erst trug ich zweien die Lehre vor, und drei gingen auf Bettelgang. Was sie an Almosenspeise brachten, das teilten wir in sechs Teile und lebten davon. Dann trug ich dreien die Lehre vor, und was zwei vom Almosengang brachten, das teilten wir und lebten davon. Also von mir belehrt, ging den fünf Verbündeten die klare Gewißheit auf: »Für ewig sind erlöst wir, das ist das letzte Leben, und nicht mehr gibt es Wiedersein.« (M 26)

Exkurs: »Ausfahrten« heute

Es war einmal? Wenn wir zumeist auch nicht von verschiedenfarbigen Lotusteichen inmitten üppiger Gärten, von Musikantinnen und eigenen Wagenlenkern umgeben sind: Ein vergleichsweise üppiges und sorgenfreies Leben führen wir als Bürger der sogenannten Ersten Welt dennoch. Nicht fehlt es uns an Salben, kostbaren Ölen und exotisch duftenden Essenzen – bekanntlich macht gerade die Position »Kosmetika« einen beachtlichen Teil im Haushaltsbudget unserer mittelständischen Paläste aus. Unsere Kleider stammen, wenn auch nicht immer aus Benares, so doch aus vielen anderen Teilen der Welt, sind bunt und trendgerecht assortiert, wie es die Mode des Tages befiehlt. Auch wenn wir keine eigenen Zweitwohnungen in bevorzugten Alpenlagen oder an den Sonnenküsten des Mittelmeeres besitzen, auf Zeit können wir uns die Ferienpaläste zunehmend leisten; eiserne Vögel mit eigens dafür ausgebildeten Lenkern tragen uns schnell und meist auch sicher in die entferntesten Gärten vor den Toren unserer industriellen Ballungsgebiete. Und während dort, etwa in Indien, über vierzig Prozent der Bevölkerung sich nicht ausreichend ernähren können, wie zu Zeiten des Prinzen Siddhatta mit Bruchreis oder Reissuppe zufrieden sein müssen, gibt es bei uns im Palast alle Tage Gebratenes und Gesottenes, wissen wir mittlerweile nicht mehr, wohin eigentlich mit der landwirtschaftlichen Überproduktion.

Doch wie reagieren wir bei unseren Ausfahrten auf diese Realien der Dritten oder Vierten Welten, wenn wir mit niedriger Lebenserwartung, körperlicher Krankheit und hoher Säuglingssterblichkeit konfrontiert werden – wenn Alter, Krankheit und Tod also nicht mehr in Seniorenheimen, Pflegetrakten oder Intensivstationen den Blicken der jugendselig lebenslustigen Reisenden verborgen bleiben?

Führen solche Begegnungen, wie damals beim Prinzen Siddhatta, über heilsame Ent-Täuschungen zur Besinnung? Mehrheitlich eigentlich nicht, vielmehr übertragen wir mit dem Konzept von »Modernisierung und Entwicklung« die Illusion des Fortschritts, die Utopie von Dauer und ewiger Jugend auf die so offenbar Benachteiligten. Hilfe und eigene Anstrengungen werden sie – wenn sie denn wirklich wollen – dereinst auf ähnliche Höhen des Energieverbrauchs und materiellen Wohllebens tragen. Damit wir in Brüssel, London, Frankfurt oder Zürich also guten Gewissens bleiben können, was wir im Zuge der imperialen Ausdehnung unserer Lebensform geworden sind, entwickelten wir Konzepte und Strategien, die angeblich sicherstellen, daß die ganze Welt früher oder später zum jugendlich glitzernden Konsum-Palast wird.

Dhamma – die zeitlose Lehre

Ob Vollendete erscheinen oder nicht erscheinen, also ist eben die Art des Ganzen:
Es sind da diese Erscheinungen und Wandlungen der Erscheinungen und die Bedingtheit der Wandlungen. Dieses aber entdeckt ein Vollendeter und durchschaut es. Und wenn er es entdeckt und durchschaut hat, dann teilt er es mit und zeigt es auf, macht es begreiflich und faßbar, eröffnet und gliedert es, verkündet es und spricht: Hier seht es selbst. (S XII, 20)

Mit der ersten, »das Rad der Lehre in Bewegung setzenden Unterweisung« gibt Buddha seinen fünf Zuhörern einen gerafften Überblick über den Weg zum Erwachen aus dem durch falsche Anschauungen und Verhaftungen selbstgewirkten Netz von Unzufriedenheiten (*Dukkha*). Bevor er diese in den folgenden Wochen dann Stück um Stück weiter detaillierte Skizze vor ihnen entwirft, um den Inhalt seines Erwachens zu kennzeichnen, macht er eingangs aber deutlich, daß das, was sie damals als »Üppigkeit« abgelehnt hatten, nichts anderes als der Beginn eines »mittleren Weges« zur Befreiung aus den Extremen von Wohl-Lust und Vernichtungsgier war:

Wer in die Hauslosigkeit gegangen ist, der sollte zwei Extreme vermeiden. Welche sind das?
Zum einen soll er sich nicht sinnlichem Verlangen hingeben; das ist eine niedrige, unwürdige und schädliche Lebensweise, die zu nichts führt.

Zum anderen soll er sich nicht der Selbstkasteiung hingeben; auch das ist eine peinvolle, unwürdige und schädliche Lebensweise, die zu nichts führt.
Von beiden Extremen mich lösend, entdeckte ich den mittleren Weg: Er verhilft zu Einsicht und Wissen, verschafft Frieden und gewährt die Erkenntnis der Vier Edlen Wahrheiten. Wer ihn geht, wird erwachen und zum Erlöschen gelangen. (S 56,11)

Vier Grundwahrheiten

Mit der ersten Wahrheit setzt der Erwachte genau dort an, wo wir alle, damals und heute vielleicht noch mehr, zu Hause sind: beim Ungenügen und Leidhaften (*Dukkha*).

Unbefriedigend ist die Geburt, unbefriedigend ist der Verfall, unbefriedigend die Krankheit, unbefriedigend der Tod; unbefriedigend sind Leid, Jammer, Schmerz, Trübsal und Verzweiflung; unbefriedigend ist das Zusammensein mit Ungeliebtem, unbefriedigend ist das Getrenntsein von Geliebtem; unbefriedigend ist, nicht zu bekommen, was man begehrt. Kurz gesagt: Die »fünf Aneignungsgruppen« sind leidhaft. (S 56,11)

Was genau er unter den »fünf Aneignungsgruppen« verstanden wissen will, macht Buddha in späteren Belehrungen deutlich, in denen er aufzeigt, wie das rechte Wissen um diese vergänglichen, nachweislich kein unveränderliches »Selbst« enthaltenden »Daseinsgruppen« von (1) Körper, (2) Gefühl, (3) Wahrnehmung, (4) Geistesformationen (Denken) und (5) Bewußtsein den Weg zur Befreiung offenbar werden läßt. Während der ersten Belehrung jedoch wird dieser Gedanke noch nicht weiter ausgeführt. Hier wird *mit der zweiten Wahrheit* über die Ursache des

Unbefriedigtseins klargemacht, daß unser samsarisches Umhergeworfensein zwischen Verlangen und Verwünschen kein unbedingter Dauerzustand ist, sondern vielmehr verursacht durch die Wiedergeburt bewirkende, wohlgefällige, mit Leidenschaft verbundene Gier (*Tanha*), die allenthalben Gefallen sucht: die Gier nach Sinnenfreuden, die Gier nach Werden und die Gier nach Vernichtung.

Auch diese Chiffre, den Asketen wahrscheinlich nur allzu vertraut, wird in späteren Ausführungen weiter präzisiert. Denn wenn Heilung möglich werden soll, dann muß zunächst die Ursache der Krankheit genau und ohne Rücksichtnahme auf lieb gewordene Verhaftungen erkannt sein. Entsprechend kurz kann dann »die restlose Aufhebung, Vernichtung, das Ablegen eben dieser Gier« als *die dritte Wahrheit* gekennzeichnet werden. Hatten die Asketen das denn nicht mehr als sechs Jahre lang versucht? Was konnte ihnen der Erwachte noch Neues anbieten?

Die vierte Wahrheit verlangte ihnen keine neuen und spektakulären Härtetests ab, ganz im Gegenteil: Ein mit acht Kennzeichen markierter Weg der Befriedung wurde gewiesen, dem jeder Mann und jede Frau zu folgen vermag – wenn sie zu gehen bereit sind! Heutigem Verständnis angemessen ist die Einteilung der acht Wegmarken in die drei Bereiche Theorie, Praxis und Methode:

(1) Rechte Erkenntnis und (2) rechte Gesinnung sind die »theoretischen« Grundlagen. Sie geben das Not wendende *Wissen*, daß da ein Weg gewiesen und schon von vielen begangen worden ist. Dieses Wissen ist sozusagen das Kartenmaterial, das die Orientierung im unbekannten Gelände erleichtert.

(3) Rechte Rede, (4) rechtes Handeln und (5) rechter Lebenserwerb kennzeichnen die tägliche *Praxis* und sind Handlungsanweisungen für die Wegfindung im unübersichtlichen Alltag mit seinen verwirrenden Seitenwegen und Sackgassen.

(6) Rechte Anstrengung, (7) rechte Achtsamkeit und (8) rechte Sammlung aber bezeichnen die meditative *Methode*, die es ermöglicht, Theorie und Praxis, Wissen und Weg immer wieder zusammenzusehen, und die Übereinstimmungen oder Abweichungen bei der Nachfolge erkennen läßt.

Am Ende schon dieser ersten Belehrung ging einem der fünf Asketen auf: »Was immer dem Gesetz des Entstehens unterworfen ist, unterliegt auch dem Gesetz des Vergehens!« Darauf der Erwachte: »Verstanden fürwahr hat es Kondanna.«

Eine derartig aufnahmefähige Hörerschaft wie bei seinen ersten Belehrungen hatte Buddha nicht immer um sich. Folglich wurde die von Kondanna artikulierte Kurzformel während der weiteren Lehrtätigkeit immer weiter aufgefächert und didaktisch angereichert, um den Zeitgenossen verständlich zu machen, wo die Ursachen ihrer leidhaften Verstrickungen lagen; vor allem aber, daß diese Verstrikkungen nicht von außen geschickt, sondern selbstgewirkt waren, bedingt entstehend und auch vergehend. Das Wissen um die Entstehungsprozesse von *Dukkha* enthielt gleichzeitig auch die Anregung zur Befreiung daraus.

Bedingtes Entstehen und Vergehen: Das Rad der Wiederkehr

Ich will euch, ihr *Bhikkhus*, das Gesetz von der bedingten Entstehung lehren; höret zu und merket wohl auf:
Aus Unwissenheit als Ursache entstehen die Gestaltungen;
aus den Gestaltungen als Ursache entsteht das Bewußtsein;
aus dem Bewußtsein als Ursache entstehen Geist und Körper;
aus Geist und Körper als Ursache entstehen die sechs Sinnesbereiche;

aus den sechs Sinnesbereichen als Ursache entsteht die Berührung;
aus der Berührung als Ursache entsteht die Empfindung;
aus der Empfindung als Ursache entsteht der Durst;
aus dem Durst als Ursache entsteht das Anhaften;
aus dem Anhaften als Ursache entsteht das Werden;
aus dem Werden als Ursache entsteht die Geburt;
aus der Geburt als Ursache entstehen Alter und Tod, Schmerz, Kummer, Leid, Betrübnis und Verzweiflung.
Auf solche Art kommt der Ursprung der ganzen Masse des Leidens zustande.

Diese vor mehr als 2500 Jahren bei Savatthi einmal gegebene Darstellung (S XII,2) wurde im Zuge der Ausbreitung des Dhamma immer wieder benutzt, um die Grundeinsichten der Lehre des Buddha zu vermitteln.

Sehr früh schon begannen die späteren Lehrer und Mönche auch, die einzelnen Glieder dieser Bedingungskette durch Zeichnungen zu veranschaulichen. So finden wir Fragmente des »Lebensrades« zum Beispiel in den ehemaligen buddhistischen Höhlenklöstern von Ajanta (Zentralindien). Hier im Westen sehr viel bekannter sind die späteren tibetischen Darstellungen des *Bhava Chakra* (*Bhava* = Werden, *Chakra* = Rad), wie sie meist an den Eingängen der Klöster zu finden sind (siehe Seite 36). Was sollen die leseunkundigen (!) Pilger daraus entnehmen, welche Projektionsflächen bietet ihnen ein solches »visuelles Hilfsmittel« an? Es ist ein Symbol für die leidhafte Vergänglichkeit der sich immer wieder neu fortpflanzenden Werdeprozesse des *Samsara*, des ewigen Kreislaufs von Werden und Vergehen.

Gier, Haß und Verblendung als die drei Grundmotive unerleuchteten Daseins bilden das Zentrum, sind die Nabe, um die sich das Rad mit den »zwölf Stationen des Werdens« dreht. Ein Hahn (Gier), eine Schlange (Haß) und ein

Bhava Chakra, das »Rad des Lebens«

Schwein (Unwissenheit) sind solcherart ineinander verbissen, daß sie einen scheinbar unauflösbaren inneren Kreis bilden. Im weiteren Kreis sind die verschiedenen Lebenssphären dargestellt, in denen sich die Wesen je nach ihren Taten wiederfinden, im linken oberen Kreissegment zum Beispiel in der Menschenwelt irdischer Verstrickungen und Leidenschaften. Der Lehrer Gotamo erscheint hier als Mönch mit der Bettelschale, ein Symbol für das befreiende Loslassen vom weltvermehrenden Streben nach Ruhm und Macht.

Unter der Welt der Menschen liegt die Welt der Hungergeister. Durch ihre engen Hälse können sie nie genug sich einverleiben, und das Wenige, was sie zu halten vermögen, brennt und sticht in ihrem Inneren. Hier erscheint der Buddha mit einem Gefäß voll *Amrita* (Wasser des Lebens), um ihre körperlichen Leiden lindern zu helfen.

Über den Menschen breitet sich eine Welt der Götter (*Devas*) aus. Ihnen fällt sozusagen alles in den Schoß. Ein Baum, der alle materiellen Wünsche erfüllt, steht im Garten vor dem Palast. Doch ist auch dieser »göttliche Zustand« des Überflusses endlich. Buddha erscheint hier mit einer Laute als Hinweis auf die Vergänglichkeit ihres besonderen Wohlklangs.

Rechts neben der Welt der Götter liegt die Welt der Gegengötter oder *Asuras*. Alle Fruchtbarkeit der Welt der *Devas* hat ihren Ursprung in der Welt der Gegengötter. Daher versuchen die *Asuras*, die Grenzen ihres Reiches auszudehnen und in das Reich der Götter einzudringen. Buddha erscheint in dieser »Gegenwelt« mit dem Schwert der Weisheit in der Hand, um zur Überwindung von Haß und Neid zu mahnen.

Unter dieser vierten Welt befindet sich das Reich der Tiere, der andauernde, durch instinkthaftes Verhalten gesteuerte Kreislauf von Fressen und Gefressenwerden. Hier erscheint der Lehrer mit einem Buch als Symbol für die Einsicht, die aus solch blindem Umherjagen befreien kann.

Im untersten Segment schließlich liegt das Reich Yamas, die Höllenwelt, in der die Wesen alle nur erdenklichen Arten von selbstgewirkter Pein auszuleben haben. Indem Yama ihnen den Spiegel vorhält, macht er ihnen klar, daß sie auch hier wieder nur Erben ihrer Taten sind, daß ihnen nichts Schicksalhaftes widerfährt, sondern daß das eherne Gesetz karmischer Kausalität sie lehren soll, achtsamer mit ihren Gedanken, Worten und Taten umzugehen. Entsprechend erscheint der Lehrer hier mit einer Flamme als Symbol der leidvollen Reinigung.

Wie auch immer tibeto-buddhistische Pilger auf derartige Darstellungen an den Klostereingängen reagieren mögen, es gehört wenig Phantasie und nur ein gewisser Grad introspektiver Ehrlichkeit dazu, um sich die Gesetzlichkeiten dieser Werdeprozesse tagtäglich im eigenen Erleben klarzumachen; um also zu registrieren, durch welche heilsamen oder unheilsamen Gedanken, daraufhin einsetzende Äußerungen und dadurch bedingte Handlungsketten Situationen entstanden sind, die emanzipativ-heilsam oder destruktiv-qualvoll ausgelebt werden müssen.

Als sie einmal in der Nähe der Stadt Kammasadamma weilten, sagte Ananda, der dem Buddha täglich zur Seite stand und für sein Wohlergehen sorgte: »Erstaunlich ist es, wie tief doch diese bedingte Entstehung ist, wie tief sie hinableuchtet. Und gleichwohl scheint es mir, als ob sie ganz und gar offenbar wäre!«

Darauf mahnte der Erwachte den *Bhikkhu* zur Vorsicht; Ananda solle das besser nicht so leichtfertig sagen, denn tiefgründig fürwahr sei diese bedingte Entstehung, und tiefgründig erscheine sie auch. Eben infolge »des Nichterkennens, Nichtdurchdringens dieses Gesetzes« gleiche die Menschheit ja »einem verwirrten Fadenknäuel, einem Vogelneste, einem Schilf- und Röhrichtgestrüpp« (D 15). Wie hat Buddha diese Wirrnis daher immer wieder »begreiflich und faßbar« gemacht, »eröffnet und gegliedert«, damit alle,

»die Ohren hatten zu hören«, ihn verstehen und »selber sehen« konnten?

Bedingtes Entstehen und Vergehen: Zwölf Glieder wechselseitiger Beeinflussungen

Eine Blume zu sehen und ihre »Soheit« in einem erwachten Moment der rechten Anschauung wahrzunehmen, frei von allen verstellenden Zuschreibungen und Vergleichen – das ist möglich. Die in einem solchen Augenblick, durch das reine Blicken der Augen also, erfaßten Wahrheiten mit Worten zu beschreiben – das gilt als unmöglich. Nicht nur, weil »Sender« und »Empfänger« der Botschaft dazu genau gleich gestimmt sein müßten, sondern vor allem auch deshalb, weil Sprache nur im linearen Nacheinander von Be- und Zuschreibungen wiederholen, also wieder (zurück)zuholen versuchen kann, was »im Augenblick« als Ganzheit erschien und längst vergangen ist, wenn die Stimmbänder anfangen zu vibrieren und in Laute umsetzen, was als einmalige Begegnungsweise zwischen Seher und Gesehenem einen so ganz besonderen Eindruck des bewußten Seins gemacht hat.

Diese Ohnmacht der rationalen Sprache ist bei den folgenden Darstellungen immer wieder zu bedenken. Was als Grundeinsicht des Erwachens unter dem Bodhi-Baum aufzuscheinen begann und ganzheitlich durchschaut wurde, ließ sich nur in Einzelschritten linear aneinandergereihter Belehrungen vermitteln. Vereinfacht und im Sprachstil der Gegenwart lassen sich ihre Inhalte etwa so darstellen:

Unwissend tappen wir gleich Blinden umher und schaffen immer neue *Formen*, an deren Dauerhaftigkeit wir glauben, weil unser *Bewußtsein* auf Anhaften programmiert und in Gegensatzpaaren von *Geist und Materie* zu denken geschult wurde. Entsprechend Selbst-süchtig ist unser Um-

Die zwölf Glieder des bedingten Entstehens

Unwissenheit (Avijja) = *blinder Mensch*

Aus Unwissenheit als Ursache
entstehen die Gestaltungen.

Gestaltungen (Sankhara) = *Töpfer bei der Arbeit*

Aus den Gestaltungen als Ursache
entsteht das Bewußtsein.

Bewußtsein (Vinnana) = *früchtesuchender Affe*

Aus dem Bewußtsein als Ursache
entstehen Geist und Körper.

Geist und Körper (Nama-Rupa) = *drei passive und ein aktiver Mensch im Boot*

Aus Geist und Körper als Ursache
entstehen die sechs Sinnesbereiche.

Sechs Sinnesbereiche (Salayatana) = *leeres Haus mit sechs Eingängen*

Aus den sechs Sinnesbereichen als Ursache
entsteht die Berührung.

Berührung (Phassa) = *kosendes Paar*

Aus der Berührung als Ursache
entsteht die Empfindung.

Empfindung (Vedana) = *Pfeil im Auge*

Aus der Empfindung als Ursache
entsteht der Durst.

Durst (Tanha) = *durstiger Trinker*

Aus dem Durst als Ursache
entsteht das Anhaften.

Anhaften (Upadana) = *Einsammeln reifer Früchte*

Aus dem Anhaften als Ursache
entsteht das Werden.

Werden (Bhava) = *schwangere Frau*

Aus dem Werden als Ursache
entsteht Geburt.

Geburt (Jati) = *Gebärende*

Aus der Geburt als Ursache
entstehen Alter und Tod, Schmerz, Kummer, Leid,
Betrübnis und Verzweiflung.

Alter und Tod (Jara-Marana) = *Leichenträger*

gang mit der Welt, die wir über die *sechs Sinne* wahrnehmen. Den »Objekten« dieser Wahrnehmungen schreiben wir als objektive Eigenschaften zu, was wir als *Gefühl* bei der *Berührung* (Begegnung) empfinden. Der *Durst* nach entsprechendem Wohlgefühl (Wohlstand) wird von Begegnung zu Begegnung größer, und immer mehr *haften* wir an den Dingen, sind wir ihnen verhaftet. Diese Aneignungsprozesse bedingen daher immer neue *Werdevorgänge* und Planungen, immer wieder versuchen wir eine schöne neue Welt zu *entbinden*, die aber *vergänglich* ist wie der eigene Körper und keinen »objektiven Bestand« hat.

Solche Annäherungsversuche an die Lehre eines vom Ich-Wahn Geheilten mögen hilfreich sein, sie können aber auch zur Falle werden. Unversehens gerät der Versuch der umgangssprachlichen Deutung dann wieder zur Täuschung, weil er ja Bilder und Begriffe benutzen muß, deren Inhalte für die Zeitgenossen so eindeutig festgeschrieben sind, daß Aufklärung über eine ganz andere Form der Wahrnehmung fast unmöglich scheint. Das Wort »Wahrnehmung« selbst ist dafür ein gutes Beispiel. Für uns bezeichnet es die Feststellung von »objektiven Gegebenheiten«, für den Erwachten eine (Ent-)Äußerung der inneren Gestimmtheit des Wahr-Nehmers:

Wenn ein Auge und Formen da sind, entsteht das Bewußtsein des Sehens. Das Zusammentreffen dieser drei ist Berührung; aus Berührung entsteht Empfindung; was man empfindet, das nimmt man wahr; was man wahrnimmt, das überdenkt man; was man überdenkt, das projiziert man. (M 18)

Aus *Unwissenheit* über diese Prozesse entstehen die leidhaften, ein »Ich« vorspiegelnden *Gestaltungen*. In der Erläuterung über die ersten beiden Glieder des bedingten Entstehens heißt es daher:

Was aber ist die Unwissenheit, was ihre Entstehung, was ihre Erlöschung und was der zu ihrer Erlöschung führende Pfad?
Das Leiden nicht verstehen, seine Entstehung nicht verstehen, seine Erlöschung nicht verstehen und den zu seiner Erlöschung führenden Pfad nicht verstehen: Das, ihr Brüder, nennt man die Unwissenheit. (M 9)

Der Wahn, die Unwissenheit, wird durch einen blinden Menschen versinnbildlicht. Solange er die wohlwollende Wegweisung der Figur im Hintergrund nicht aufnehmen kann, wird er weiter in die Irre gehen und unbefriedigende Karmaformationen, *Dukkha* also, erleiden müssen. Diese blinde Unwissenheit setzt der Buddha hier mit einem fehlenden Verständnis der vier Grundwahrheiten gleich. Wir erinnern uns, daß die erste Grundwahrheit mit der Feststellung endete: »Kurz gesagt: Die ›fünf Aneignungsgruppen‹ sind leidhaft.« (vgl. Seite 32). Wie ist das zu verstehen?

Ausgangspunkt ist die Einsicht in die drei Grundmerkmale:

1. Alle Gestaltungen (*Sankhara*) sind vergänglich (*Anicca*).
2. Alle Gestaltungen (*Sankhara*) unterliegen dem Leiden (*Dukkha*).
3. Alle Elemente der Wirklichkeit (*Dhamma*) haben keinen festen und unveränderlichen Kern (*Anatta*).

Die zeitgenössischen Heilslehren mit ihrer Grundannahme eines ewigen *Atman* als Grundlage der Person wurden vom Buddha überwunden durch die befreiende Erkenntnis der Offenheit allen Da-Seins, das so lange als unbefriedigend (*Dukkha*) erlitten wird, wie sich ein fiktives »Ich« den Fließgesetzen der Vergänglichkeit (*Anicca*) entgegenstellt und festzuhalten sucht, was im Grunde leer (*Anatta*) ist. Anstelle des nicht nachweisbaren *Atman* werden vom Buddha die »fünf Aneignungsgruppen« (*Khanda*) eingeführt, über deren ein »Da-Sein« signalisierende Wirkungen sich die Illusion eines Ich herstellt:

1. Körper
2. Gefühl
3. Wahrnehmung
4. geistige Gestaltungen (Denken)
5. Bewußtsein

Die sogenannte Person ist »in Wirklichkeit« (d.h. in Gedanken, Worten und Taten bewirkend und erlebend) ein Prozeß körperlich-geistigen Werde-Wandels, in dem sich weder bei punktueller noch ganzheitlicher Betrachtung eine unabhängige Ich-Heit, etwas Un-Teilbares, ein In-Dividuum feststellen läßt: Über die Sinnesorgane entstehen im Körper Gefühle, diese werden zu Wahrnehmungen verarbeitet und spiegeln die Objekte der Außenwelt im Geist des Wahrnehmenden wider, veranlassen ihn zu denkerischen Gestaltungen und prägen sein Bewußtsein.

Diesen unbewußt und mit unglaublicher Schnelligkeit immer wieder ablaufenden Prozeß der Selbst-Bestätigung am Gegenstand gilt es zu durchschauen, um nicht immer wieder in dualistischen Kategorien von »Sein« oder »Nichtsein« festzulegen, was nur als ein andauernder Prozeß des wechselseitigen »Inter-esse« richtig zu begreifen ist. Wie könnte ich Leben einatmen ohne den Baum, wie könnte der Baum ohne »meine« Ausatmung leben? Wenn wir die wechselseitige Bedingtheit richtig verstehen, dann haben Mensch und Baum ein gemeinsames Interesse als Daseinsgrundlage und sind als getrennte Lebensformen nur für unwissend Ich-Süchtige denkbar.

Um die so verstandene Offenheit unserer Existenz und das gemeinsame Inter-esse aller Wesen richtig praktizieren zu können, ist die einengende Ich-Illusion zu überwinden. Entsprechend nachdrücklich schärfte der Lehrer seinen ersten Schülern in Isipatana ein (S 22,59):

Der Körper ist Nicht-Ich. Denn wäre dieser Körper das Ich, nicht würde er dann der Krankheit anheimfallen. Gebieten könnte man dann dem Körper: »So möge er sein, so möge er nicht sein!«

Mit den gleichen Worten wird die Nicht-Ichheit auch der Gefühle, der Wahrnehmungsprozesse, der geistigen Gestaltungen und des Bewußtseins beschrieben und deutlich gemacht, daß ihre jeweiligen Zuständlichkeiten eigenen Regeln unterliegen und vergänglich sind.

Was folgt daraus? Am Ende der Belehrungen über »Die Merkmale des Nicht-Ich« (S 22,59) empfiehlt Buddha:

Was es irgend an Körperlichkeit gibt, an Gefühl, an Wahrnehmung, an Gestaltungen, an Bewußtsein – sei es vergangen, künftig oder gegenwärtig, eigen oder fremd, grob oder fein, gewöhnlich oder edel, fern oder nahe – von allen gilt: »Dies ist nicht mein, das bin ich nicht, das ist nicht mein Selbst!«
So hat man dies der Wirklichkeit gemäß mit rechter Weisheit zu betrachten.

Wo es an dieser »rechten Weisheit« fehlt, da eben führt *Unwissenheit* zu Gestaltungen, die Prozesse vergeblichen Festhaltens und Bewahrens zur Folge haben werden. In einer späteren Lehrrede (M 22) wird dieser leidhafte Zusammenhang – der Versuch also, Wandelbares zusammenzuhängen und ein »Selbst« daran festzumachen – so erläutert:

Da gibt es sechs Ursachen für falsche Ansichten. Ein unwissender Weltling, der die Lehre nicht kennt, der glaubt vom Körper: Das bin Ich, das ist Mein, das ist mein Ich. Er glaubt vom Gefühl: Das bin Ich, das ist Mein, das ist mein Ich. Er glaubt von der Wahrnehmung: Das bin Ich, das ist

Mein, das ist mein Ich. Er glaubt vom Bewußtsein: Das bin Ich, das ist Mein, das ist mein Ich. Von allem, was er sieht, hört, riecht, schmeckt, tastet, denkt; von allem, was er erlangt, wonach ihn verlangt und woran sein Denken haftet, von all dem glaubt er: Das bin Ich, das ist Mein, das ist mein Ich.

Ich-hafte Identifikationsprozesse mit dem Körper, den Gefühlen, den Wahrnehmungen, dem denkerischen Gestalten und Bewußtsein – »kurz gesagt: mit den fünf Aneignungsgruppen« – sind also die ersten fünf Ursachen »falscher Ansicht«. Als sechste Ursache wurden in der Belehrung noch die Sinnestätigkeiten des Sehens, Hörens, Riechens, Schmeckens, Tastens und Denkens genannt. Über diese *sechs Sinnesbereiche* entstehen *Berührungen* zwischen »innen« und »außen«, werden *Empfindungen* hervorgerufen, vermehrt sich *Durst* nach Wohlgefühl, entsteht *Anhaften;* so *werden* immer wieder neue Situationen *geboren*, in denen das »Ich« sich wiederfinden und möglichst dauerhaft und behaglich einrichten will.

Als Symbol für die Ich-Losigkeit der über die Sinnestore hereingeholten Eindrücke gilt ein leeres Haus mit offenen Türen und Fenstern. Wahrnehmungsprozesse sind zwar da, doch einen Wahrnehmer kann man nicht finden. Als »rechte Ansicht« wurde daher gelehrt (M 148):

In Abhängigkeit von Auge und Formen entsteht Sehbewußtsein; in Abhängigkeit von Ohr und Tönen entsteht Hörbewußtsein; in Abhängigkeit von Nase und Gerüchen entsteht Riechbewußtsein; in Abhängigkeit von Zunge und Geschmacksstoffen entsteht Geschmacksbewußtsein; in Abhängigkeit von Körper und Tastobjekten entsteht Tastbewußtsein; in Abhängigkeit von Geist und Geistobjekten entsteht Geistbewußtsein.
Das Zusammentreffen der drei ist die Berührung, und mit

der Berührung als Bedingung entsteht, was als angenehm oder unangenehm oder neutral gefühlt wird.

Exkurs: »Ich« und der Pfirsich

In einem fiktiven Dialog zwischen Ananda, einem buddhistischen Mönch, und Proteus, einem Berliner Sozialarbeiter, hat Eckart Kroneberg[1] diesen Werdeprozeß eines fiktiven »Ich« anschaulich zu machen verstanden:

Proteus hat gerade einen köstlichen Pfirsich verspeist. Ihm gegenüber sitzt Ananda und lächelt. »Mögest du glücklich sein, Bruder«, sagt er leise. »Doch iß diesen Pfirsich nicht unwissend! Hängen denn wirklich die von dir aufgezählten Eigenschaften fest, rundlich, gelb-rot, reif, saftig, duftend und süß, hängen sie denn wirklich an diesem Sehobjekt?«
»Nicht wirklich, Ehrwürdiger«, erwidert Proteus und reibt seine Handflächen an der Hose trocken.
»Wo aber kommen die Eigenschaften dann her, Bruder?«
»Ich«, antwortete Proteus, »ich selbst habe sie dem Sehobjekt beigelegt.«
»Würde dann ein anderes Lebewesen vielleicht andere Eigenschaften ersinnen, um sie diesem Sehobjekt beizulegen?«
»Ja, Ehrwürdiger, das wird so sein.«
»Ist in dem Sehorgan dein Ich enthalten?«
»Nein, Ehrwürdiger.«
»Ist in dem Sehobjekt dein Ich enthalten?«
»Nein, Ehrwürdiger.«
»Wo ist es dann? Ist es in dem Gefühl: Da ist etwas vom Sehorgan gesehen worden?«
»Nein, Ehrwürdiger.«
»Wo ist dann das Ich? Steckt es im geistigen Gestalten?«
»Nein, Ehrwürdiger.«

»Ist es im Bewußtsein? Dort, wo du sagst: Ich sehe einen Pfirsich?«
»Es ist gewiß nicht dort, Ehrwürdiger, aber genau dort entsteht es.«
»Gut, Bruder Proteus! Sehr gut! Du hast den Pfirsich nicht als Unwissender verspeist, sondern als Wissender. Über die Stationen Gefühl, Wahrnehmung, geistige Gestaltung und Bewußtsein entstand aus der Begegnung von Sehorgan und Sehobjekt jenes Ich, von dem du in konventioneller Sprache sagtest, es habe einen Pfirsich gesehen, ergriffen und mit Appetit verspeist. Ist dieses Ich, Bruder Proteus, ist es statisch oder dynamisch?«
»Dynamisch, Ehrwürdiger.«
»Hat es nach dem Entstehen Bestand, oder zerfällt es wieder?«
»Es zerfällt wieder.«
»Ist es befriedigend oder unbefriedigend?«
»Unbefriedigend, Ehrwürdiger.«
»Vortrefflich, Bruder! Du hast es begriffen! Du hast es begriffen!«

Das Entstehen und Vergehen von Zu- und Abneigungen bei den Begegnungen der Sinnestore mit ihren entsprechenden Objekten (Augen: Formen, Ohren: Töne, Nase: Düfte, Zunge/Gaumen: Schmackhaftes, Körper: Tastbares, Geist: Denkbares) achtsam zu beobachten und das Sehen eben nur ein Sehen, das Hören nur ein Hören, das Riechen nur ein Riechen, das Schmecken nur einen Geschmack, das Tasten nur ein Getast und das Denken nur einen Gedanken sein zu lassen – darauf gründet die meditative Methode, »der einzige Weg« achtsamen Bewußtseins (vgl. Seite 88f.), um sich zu befreien vom samsarischen Kreislauf »selbst«süchtiger Verhaftungen. So gesehen ist der vom Buddha entdeckte »mittlere Weg« tatsächlich ein Weg der »Selbst-Erlösung«, nämlich der Erlösung von der Peitsche eines Antreibers, den es bei genauer »Selbst«-Prüfung und aufmerksamem Sehen, Hören, Riechen, Schmecken, Tasten und Bedenken nirgends gibt.

Die derart in »selbst«losen Momenten aufscheinende Einsicht in die Leerheit bedeutet keinen skeptischen Nihilismus (in »Nicht«-heit fällt nur, wer an »Ich«-heit sich klammert), sondern mitfreudigen Optimismus. Leer von »Ich«-haftenden Aneignungen sind wir angefüllt mit allem, das mit uns ist; erst die Leerheit macht solche Fülle des Daseins möglich. »Interesse« ist uns dann nicht mehr eine aus der lateinischen Sprache abgeleitete Chiffre zur Begründung von »Selbst«-Nutz, sondern wird wörtlich wahrgenommen als ein mitweltliches »Dazwischen-Sein«, befreit von den Extremen des »Alles oder Nichts«.

Weil Unwissenheit den Ich-Wahn immer wieder bestätigt, der nach angenehmen Eindrücken verlangt und unangenehme ablehnt, bilden Schwein (Unwissenheit), Hahn (Verlangen/Gier) und Schlange (Verwünschen/Haß) das Zentrum des Lebensrades. Damit wurden die zwei zentralen Kräfte (Verlangen und Verwünschen haben ja selbstsüchtige Gier als gleiche Ursache) veranschaulicht, die im Gesetz von der bedingten Entstehung (vgl. Seite 34) Gestaltungen und Verhaftungen bewirken.

Sind diese Wurzelursachen erkannt, folgt daraus auch die »Überwindung der ganzen Masse des Leidens«, wie sie Buddha in Savatthi erläuterte.

Aufhebung von *Dukkha*

Bhikkhus, welches ist *der falsche Weg*?
Aus Unwissenheit als Ursache entstehen die Gestaltungen;
aus den Gestaltungen als Ursache entsteht das Bewußtsein;
aus dem Bewußtsein als Ursache entstehen Geist und Körper;

aus Geist und Körper als Ursache entstehen die sechs Sinnesbereiche;
aus den sechs Sinnesbereichen als Ursache entsteht die Berührung;
aus der Berührung als Ursache entsteht die Empfindung;
aus der Empfindung als Ursache entsteht der Durst;
aus dem Durst als Ursache entsteht das Anhaften;
aus dem Anhaften als Ursache entsteht das Werden;
aus dem Werden als Ursache entsteht die Geburt;
aus der Geburt als Ursache entstehen Alter und Tod, Schmerz, Kummer, Leid, Trübsal und Verzweiflung.
Auf solche Art kommt der *Ursprung der ganzen Masse des Leidens* zustande. Dies heißt falscher Weg.
Welches aber ist *der rechte Weg*?
Aus dem restlosen Verschwinden und der Aufhebung von Unwissenheit folgt Aufhebung der Gestaltungen;
aus der Aufhebung der Gestaltungen folgt Aufhebung des Bewußtseins
...
Auf solche Art kommt die *Aufhebung der ganzen Masse des Leidens* zustande. Das heißt rechter Weg. (S 12,3)

Wie hatte der Buddha seinen Schüler Ananda ermahnt? Tiefgründig fürwahr sei die Lehre vom bedingten Entstehen, schwer zu durchschauen und nicht leicht faßbar zu machen (vgl. Seite 38). Eine ganze Abteilung der »in Gruppen geordneten Sammlung« von Belehrungen für Mönche kommt daher immer wieder auf diese so schwer einsehbaren Zusammenhänge zurück. Bei den Belehrungen für Laien wird dagegen auf ganz konkrete Situationen ihres Hier und Jetzt eingegangen. Sie müssen, um dem Weg (*Magga*) zu folgen, keineswegs sämtliche Feinheiten seiner Erkundung und Vermessung (*Dhamma*) kennen. Es genügt das Vertrauen darauf, daß er in heilsamer Absicht so angelegt und gewiesen wurde, wie es die erwachte Einsicht in die

Ursachen von *Dukkha* nahelegt hatte. Insofern ist es angebracht, hier abschließend zur wiederholten Betrachtung der Symbole des bedingten Entstehens aufzufordern, im Vertrauen darauf, daß ihre Inhalte um so klarer erkennbar sind, je deutlicher der Weg in umgekehrter Richtung sichtbar wird.

Ein einfaches Hilfsmittel für eine solche »Selbst«befreiung ist die folgende Übung, in der die Ent-Täuschungen des Lehrers und die Grundeinsichten seines Erwachens konzentriert sind.

Fünf tägliche Betrachtungen:
Auch ich bin dem Altern unterworfen, auch ich kann dem Alter nicht entgehen.
Auch ich bin der Krankheit unterworfen, auch ich kann der Krankheit nicht entgehen.
Auch ich bin der Vergänglichkeit unterworfen, auch ich kann dem Tod nicht entgehen.
Alles, was mir lieb ist, ist vergänglich und vergeht.
Ich bin der Schöpfer meines eigenen *Kamma*, ich mache eigenes *Kamma*.

Kombiniert mit einer Visualisierung der zwölf Glieder bedingten Entstehens ergibt sich daraus eine retrospektive Methode der Einsicht in die Ursachen des jetzt erlebten *Dukkha*, vor allem aber auch eine vor-sichtige Strategie der Emanzipation: Je nach Einsicht oder Unwissenheit schaffe ich heute das, was mir morgen zufallen wird, was also nicht »zufällig« entstanden ist, sondern leidenschaftlich bewirkt wurde. Diese Zusammenhänge auf der individuellen Ebene der jetzigen Existenz zunehmend deutlicher zu sehen ist letztlich nur eine Frage »selbst«loser Ehrlichkeit. Wie aber steht es mit den zukünftigen Wiedergeburten, wenn ein unveränderliches Ich nicht nachweisbar ist?

»Nicht-Ich« und Wiedergeburt

Buddha lehrte keinen »Buddhismus« und auch keine buddhistische Philosophie. *Dhamma* ist keine »Theorie mittlerer Reichweite«, sondern »das Gesetz«, das universelle Wahrheiten ausdrückt. So wie in eine Elefantenspur die Spuren aller anderen Tiere passen, so ist die Lehre des *Dhamma* umfassend und schließt alle übrigen Erklärungssysteme ein. Dennoch wurde keine »Weltdeutung« entwickelt, sondern nur das mitgeteilt, was zur Heilung vom Ich-Wahn tauglich erschien. Buddha machte das seinen Schülern klar, indem er sie in einem Wald einmal fragte, wo denn jetzt mehr Blätter seien, in seiner Hand oder auf den Bäumen über ihnen? Ebenso habe er aus der Fülle des von ihm Durchschauten nur wenige Dinge offenbart – und warum die anderen nicht? »Weil sie nichts nutzen, nicht heilen, nicht zur Abkehr, zur Leidenschaftslosigkeit, zur Beruhigung, zum Verständnis, zur Weisheit führen« (S 56,12). An anderer Stelle verteidigte er sich gegen argumentative Spitzfindigkeiten von Brahmanen mit den Worten: »Früher und heute lehre ich nur eines: das Leiden und des Leidens Aufhebung.« (M 22)

Die während der zweiten Nachtwache unter dem Bodhi-Baum gewonnene Einsicht (vgl. Seite 23) besagt, daß dieses Leiden schier unermeßlich ist. In Savatthi fragte Buddha einmal: »Was ist wohl mehr, *Bhikkhus*, die Tränen, die euch entströmt und die von euch vergossen wurden, da ihr, so lange umherwandernd von Geburt zu Geburt, über Vereinigung mit Unliebem und über Trennung von Liebem klagtet und weintet, oder das Wasser in den vier großen Meeren?«

Darauf antworteten die Schüler: »Wie wir die Lehre verstehen, sind mehr die Tränen, die uns entströmt und die wir vergossen haben.«

So verstünden sie seine Lehre richtig, bestätigte ihnen daraufhin der Erwachte; lange Zeit hätten sie den Tod von

Vater und Mutter zu kosten, oft genug auch Krankheiten zu ertragen gehabt. Sei das denn nicht Ursache genug, Widerwillen gegen weitere Gestaltungen zu fassen? (S 15,3) Darum sei die Lehre auch nur von einem einzigen Geschmack durchdrungen, dem Geschmack der Erlösung – so wie das Weltmeer einzig vom Geschmack des Salzes (A VIII,19).

Allerdings waren die Schüler des Buddha mit dieser einsichtigen, nur auf eines ausgerichteten Unterweisung nicht immer zufrieden. So erfahren wir (M 63) zum Beispiel, daß sich ein *Bhikkhu* die folgenden Gedanken »gemacht« hatte:

Da sind diese Ansichten vom Erhabenen nicht mitgeteilt und umgangen worden: »Ewig ist die Welt!«, »Nicht ewig ist die Welt!«, »Endlich ist die Welt!«, »Unendlich ist die Welt!«, »Leben und Körper sind dasselbe!«, »Das Leben ist das eine, der Körper ist das andere!«, »Der Vollendete wird nach dem Tode sein!«, »Der Vollendete wird nach dem Tode nicht sein!«, »Der Vollendete wird nach dem Tode weder sein noch nicht sein!«
Diese Fragen hat mir der Erhabene nicht mitgeteilt, das gefällt mir nicht. Ich werde zum Erhabenen gehen und ihn danach befragen. Erst wenn er mir diese Fragen beantwortet hat, werde ich weiterhin sein Schüler bleiben.

Auf diese weitreichenden Spekulationen antwortete Buddha mit dem bekannten Gleichnis vom Giftpfeil: Würde der Arzt einen Getroffenen erst dann behandeln wollen, wenn genau geklärt worden sei, zu welcher Kaste der Schütze wohl gehöre, wie groß er gewesen sei, welche Hautfarbe er habe und wo er wohne, aus welchem Material der Bogen gemacht und mit Federn welchen Vogels der Pfeil ausgerüstet gewesen sei? Wenn all diese und noch weitere Fragen nach Bogensehne und Pfeilspitze erst beantwortet werden müßten, würde der Getroffene sterben, ehe die Behandlung beginnen könnte. Angesichts der Allgegenwart von *Dukkha* habe der Vollendete daher nur mitgeteilt:

»Das ist das Leiden«, »Das ist die Entstehung des Leidens«, »Das ist die Vernichtung des Leidens«, »Das ist der zur Vernichtung des Leidens führende Pfad!«
Und warum wurde das von mir mitgeteilt? Weil es zu den Grundlagen des heilenden Weges gehört; es führt zum Gleichmut, zur Leidenschaftslosigkeit, zum Frieden, zur rechten Einsicht, zum Erwachen.
Darum möget ihr das von mir nicht Mitgeteilte für nicht mitgeteilt halten, und das von mir Mitgeteilte möget ihr für mitgeteilt halten.

»Mit Wohlgefallen freute sich der *Bhikkhu* an des Erhabenen Rede«, heißt es abschließend. Buddha hatte ihn durch direkte Unterweisung überzeugen können, daß er keine Philosophie, sondern eine Medizin anzubieten habe: Nicht um Theorien über die letzten Dinge geht es, sondern um Heilung.

Genauso verständlich wie die zweifelnden Fragen des *Bhikkhu* Malunkyaputta sind uns sicher auch die des nackten Asketen Kassapa, in denen es um die Vereinbarkeit der Idee von der Wiedergeburt mit der neuen Lehre über das »Nicht-Ich« geht. Kassapa stellte dem Buddha im Bambushain von Rajagaham folgende Fragen (S 12,17):

Ist etwa das Leiden selbst verursacht, oder ist es von einem anderen verursacht?
Ist das Leiden sowohl von einem anderen als auch von einem selbst verursacht?
Oder ist das Leiden nicht selbst bewirkt und auch nicht von einem anderen bewirkt, sondern durch Zufall entstanden?
Gibt es also überhaupt kein Leiden?

Auf jede Frage antwortete Buddha mit: »Nicht so sollst du sprechen, Kassapa.« Daraufhin bittet Kassapa um eine Unterweisung, die weiter geht, als seine Fragen zu reichen vermochten. Buddha erklärt ihm also seinen »mittleren« Ansatz zu Überwindung des leidhaften Denkens in Kategorien von Sein oder Nichtsein:

Behauptet man, »der nämliche ist es, der die Handlung ausführt und der die Folgen empfindet«, so gibt es einen, der von Anbeginn da ist, und man kommt damit auf ein ewig Dauerndes hinaus.

Sagt man, »das Leiden ist von einem anderen verursacht«, so kommt man damit auf völlige Vernichtung hinaus.

Diese beiden Enden vermeidend, Kassapa, verkündet in der Mitte der *Tathagata* die wahre Lehre: »Aus Unwissenheit als Ursache entstehen die Gestaltungen; aus den Gestaltungen als Ursache entsteht das Bewußtsein...«

Was also wird »wiedergeboren«? Tendenzen des Gestaltens und Haftens! Und was »hört auf«, wenn *Nibbana* erreicht ist? Dem jungen Upasiva machte der Erwachte am Ende eines Dialogs deutlich (Sn 1076), daß es dafür keine Worte gibt:

Kein Maß gibt es für ihn, der hin zum Ende ging.
Nicht gibt's ein Wort, durch das man ihn erfaßt.
Wenn alle Dinge abgetan,
ist abgetan auch aller Rede Pfad.

»Selbst«verständlich gibt sich ein abendländisch geschulter Geist mit solchen Erklärungen nicht zufrieden. Die beiden folgenden Beispiele mögen das verdeutlichen.

Exkurs: Nagasena und Nyanaponika antworten westlichen Fragestellern

Bei den »Fragen des Königs Milinda« (*Milindapanha*) handelt es sich um eine Sammlung von Debatten zwischen Nagasena und dem griechischen König Menandros (Milinda), der um die Mitte des zweiten Jahrhunderts vor unserer Zeitrechnung ein indo-griechisches Königreich im Nordwesten Indiens beherrschte. Menandros war stolz auf seinen scharfen Intellekt und forderte die Gelehrten seiner Zeit gern zu Streitgesprächen heraus – so auch den buddhistischen Mönch Nagasena, dessen besondere Weisheit ihm gerühmt worden war. Gleich bei einer der ersten Begegnungen[2] ging es um die Wiedergeburt:

Derjenige, ehrwürdiger Nagasena, der wiedergeboren wird, ist dies wohl derselbe (wie derjenige, der stirbt) oder ein anderer?
Weder derselbe noch ein anderer.
Gebt mir ein Beispiel!
Sagen wir, o König, ein Mann zündet eine Lampe an. Würde wohl diese Lampe die ganze Nacht hindurch brennen?
Gewiß, o Herr!
Wie aber, o König, ist die Flamme der ersten Nachtwache dieselbe wie die Flamme in der mittleren und die Flamme in der mittleren Nachtwache dieselbe wie die Flamme in der letzten?
Gewiß nicht, o Herr.
Dann brennt wohl, o König, eine Lampe in der ersten Nachtwache, eine andere in der mittleren und wieder eine andere in der letzten Nachtwache?
Das nicht, o Herr! Denn das Licht war in der ganzen Nacht abhängig von ein und derselben Lampe.
Genau in derselben Weise, o König, schließt sich die Kette der Daseinsvorgänge aneinander: Eine Erscheinung ent-

steht, eine andere schwindet. Dies verläuft, als gäbe es kein Vorher oder Nachher. Daher ist das Kind nicht dasselbe wie der Erwachsene, aber ist auch kein anderer. In seinem früheren Bewußtsein ist das spätere Bewußtsein einbegriffen.
Gib mir noch ein weiteres Gleichnis!
Es ist genau derselbe Vorgang, o König, wenn die frische Milch nach einiger Zeit zu Dickmilch wird, die Dickmilch zu Butter und die Butter zu Butteröl. Wenn da nun einer sagen sollte, daß Milch und Dickmilch oder Butter und Butteröl ein und dasselbe seien, spräche der wohl die Wahrheit?
Gewiß nicht, o Herr! Denn erst durch Abhängigkeit von dem einen Zustand ist der andere ins Dasein getreten.
Genau in derselben Weise, o König, schließt sich die Kette der Daseinsvorgänge aneinander. Eine Erscheinung entsteht, eine andere schwindet. Dies verläuft, als gäbe es kein Vorher oder Nachher. Daher ist es weder derselbe noch ein anderer, der wiedergeboren wird. Im früheren Bewußtsein ist das spätere Bewußtsein einbegriffen.
Klug bist du, ehrwürdiger Nagasena!

Im November 1987 besuchte ich den ehrwürdigen Nyanaponika, der als Sigmund Feniger 1901 in Offenbach geboren und 1936 in der Island Hermitage in Ceylon als Mönch aufgenommen wurde. Auf seine grundlegenden und inzwischen in viele Sprachen übersetzten Kommentare zur buddhistischen Meditationspraxis (*Geistestraining durch Achtsamkeit*) wird später noch einzugehen sein. Bei unserem Gespräch in der Forest Hermitage oberhalb von Kandy ging es am 21. November 1987 einmal nicht darüber, sondern um Möglichkeiten und Grenzen des interreligiösen Dialogs[3]:

D. K.: Ehrwürdiger, ist es nicht ein häufiges Mißverständnis, das auch den Dialog erschwert, daß *Kamma* oder *Kar-*

ma so etwas wie Schicksal oder Fatum sei? Während es nach buddhistischer Lehre ja nichts anderes darstellt als das Gesetz von Ursache und Wirkung: Erbe meines Wirkens bin ich!

Nyanaponika: Man schafft sich sein eigenes Schicksal, weil einen das eigene Wirken – die eigenen Taten, Worte und Gedanken – verändert. Das ist kein Fatum.

D. K.: Und Sie meinen, daß diese Einsicht in Grundauffassungen buddhistischer Psychologie auch zu einem ethischeren Verhalten bei Menschen führen kann, die Schwierigkeiten innerhalb ihres eigenen Glaubenssystems haben, ohne daß sie deshalb das gesamte buddhistische Umfeld von der Vergeltungskausalität mit akzeptieren müssen?

Nyanaponika: Die Auffassung von der Strafe Gottes für die Sünder ist nach buddhistischer Auffassung nichts anderes als die Gesetzmäßigkeit, die man selbst schafft.

D. K.: Wäre hier nicht auch eine Möglichkeit, eine Brücke für dieses schwierige Problem der Wiedergeburt zu bauen? Wiedergeburt muß nicht immer aufgefaßt werden als das Erscheinen eines neuen Wesens mit neuer Körperlichkeit, sondern wir können Wiedergeburt selbstverständlich auch in uns und an uns selbst von Tag zu Tag beobachten. Je nach unserem vergangenen Wirken, an das wir uns noch erinnern – das muß nicht in früheren Existenzen gewesen sein –, erleben wir, wie wir uns hier und jetzt wiederfinden.

Nyanaponika: Manche mögen sich mit dieser Begrenzung der sittlichen Gesetzmäßigkeit auf das gegenwärtige Leben begnügen. Doch dies ist nicht etwa eine revidierte Form der Wiedergeburtslehre, noch ist es ein Ersatz für diese wichtige Lehre.

Bei der Wiedergeburt handelt es sich nicht um das Entstehen eines völlig neuen Wesens. Wir mögen hier die Formulierung benutzen, die sich in den »Fragen des Königs Milinda« findet, einem nach-kanonischen Werk der buddhistischen Pali-Literatur: »Es ist nicht derselbe und nicht ein anderer, der wiedergeboren wird.« Dies besagt: Es gibt nur eine relative Identität und relative Unterschiedlichkeit. Dies ist eine Übereinstimmung mit dem dynamischen Weltbild der modernen Physik. Die relative Identität vom Säugling bis zum alten Mann wird im Buddhismus nicht geleugnet. Es besteht da eine kontinuierliche Entwicklung im Körperlichen und Geistigen. Doch auch die starke Differenzierung von Kind und Erwachsenem ist offensichtlich, sowohl im Körperlichen als auch im Emotionalen und sonstigen Geistigen. Die Unterschiedlichkeit ist so groß, als wären es verschiedene Individuen. Das Kind wird weinen, wenn man ihm das Spielzeug wegnimmt. Den Erwachsenen läßt es ganz kühl.

D. K.: Der weint, wenn man ihm das Auto wegnimmt.

Nyanaponika: Ja, das ist sein Spielzeug.

D. K.: Gibt es hier aber nicht Grenzen des Dialogs? Wird ein Christ nicht Schwierigkeiten mit der Lehre von der Wiedergeburt haben?

Nyanaponika: Ja sicher, das wird eine der Schwierigkeiten sein. Aber wer gewillt ist, darüber nachzudenken, der sollte auch daran denken, daß bei sehr vielen Völkern und auch bei sehr vielen Einzelpersönlichkeiten der Glaube an eine Wiedergeburt in der einen oder anderen Form bestand. Er ist ebenso weit verbreitet, räumlich wie auch zeitlich, wie der Glaube an eine einzige Geburt. Voltaire sagte einmal, es ist nicht weniger mysteriös, einmal geboren zu werden als mehrmals.

Knapp zehn Jahre früher, im März 1978, hatte ich Nyanaponika Mahathera in einem Gespräch auch schon nach dem Problem gefragt, das westliche Sympathisanten des Buddhismus mit der Lehre von der Wiedergeburt haben. Seine vermittelnde Antwort mag am Ende dieser Darstellung des *Dhamma* hilfreich sein[4]:

An sich mag jeder dem Buddhismus entnehmen, was er hilfreich findet. Aber die Lehre ist ein in sich folgerichtig gefügtes Ganzes, und die Wiedergeburtslehre gehört dazu. Der Buddha hat das zum Ausdruck gebracht, was man heute Prozeßdenken nennt. Auch das Geistige ist ein dynamischer Prozeß, von dem man nicht annehmen kann, daß er plötzlich aufhört. Die Energien, die ein Mensch durch sein Denken geschaffen hat, setzen sich fort; diese Fortsetzung und Kontinuität ist nicht gebunden an eine bestimmte Körperkonstellation.

Vielleicht wird jetzt verständlich, warum der XIV. Dalai Lama am Ende eines Vortrags über »Die Vereinbarkeit von abhängigem Entstehen und Leerheit« an der Universität Hamburg (31. 10. 1982) dringend empfahl: »Wenn Sie mit dem, was gesagt wurde, nicht einverstanden sind, lassen Sie es einfach sein.«

Das Gefühl, mit unlieben Ansichten vereint zu sein, läßt eine ganze Kette von Gegenargumenten und ablehnenden Verhaftungen entstehen. Es wäre also ganz gewiß nicht im Sinne des vom Buddha erkannten Gesetzes, sich beim ersten Umgang damit gerade die Teile des *Dhamma* intensiv anzuschauen, die (jetzt noch) »unglaublich« erscheinen. Der Weg entsteht beim Gehen und nicht in der Diskussion über die Möglichkeit seiner »letztendlichen« Ziele. Zwar begründet *Dhamma* die Markierungen des *Magga*, doch werden sie als selbstbefreiende Wirklichkeit nur im Vorgehen und nicht durch Nachdenken erfahrbar.

Magga – der heilsame Weg

Ihr selbst müßt eifrig euch bemüh'n.
Die Buddhas zeigen bloß den Weg. (Dh.276)

In der ersten Belehrung der fünf Asketen im Gazellenhain bei Benares (S56,11) hatte Buddha den »Weg« so gekennzeichnet:

Welches ist der Mittlere Weg, der zu Einsicht und Wissen führt, der Frieden verschafft, Erkenntnis der Vier Hohen Wahrheiten gewährt, der voll erwachen läßt den Gehenden, so daß er *Nibbana* berührt?
Es ist der Hohe Achtfache Weg, und dies sind seine Kennzeichen: richtig erkennen, richtig gesinnt sein, richtig reden, richtig handeln, richtig Brot erwerben, sich richtig bemühen, richtig achtsam sein, sich richtig konzentrieren.
Dies ist jener Mittlere Weg.

Während der weiteren fünfundvierzig Jahre mitleidsvoller Erwachsenenbildung erläuterte der Buddha den Inhalt der acht »Kennzeichen« je nach Situation und Hörfähigkeit der Fragenden. Einer verzweifelten Mutter zum Beispiel, die mit ihrem toten Kind im Arm zu dem berühmten »Meister« eilte, hätte eine Belehrung über die »fünf Stationen des Anhaftens« gewiß wenig geholfen. Der Buddha forderte sie auf, ihm schnell eine Handvoll Senfsamen aus einem Haus zu bringen, in dem in den letzten Jahren niemand gestorben sei. Das brachte sie auf den Weg und verhalf ihr zur eigenen Einsicht in die Vergänglichkeit. Als »geheilt«

kehrte sie aus dem Dorf zum Rastplatz der Mönche zurück, jetzt aufgeschlossen für eine tiefergehende Belehrung über Möglichkeiten der Befreiung vom leidenschaftlichen »Ich«, das so lange *Dukkha* (»Getrenntsein vom Lieben«) erfahren wird, wie es in besitzergreifenden Kategorien von »mein« und »dein« die Welt ergreift und festzuhalten sucht.

Gewiß, die Geräusche des Entstehens und Vergehens der dhammischen Prozesse sind immer vorhanden, doch zum schmerzenden Lärm (»mit Unlieben vereint«) werden sie erst durch die Aneignungstendenzen von falsch programmierten Hörern. »Why do you disturb the sound?« fragte mich einmal ein thailändischer Mönch.

»Geht nicht nach Hörensagen, Kalamer«

Dieses immer an der Wirklichkeit des eigenen Erlebens orientierte didaktische Prinzip wird bei der Diskussion der Probleme besonders deutlich, die Honoratioren der Stadt Kesaputta, im Land der Kalamer gelegen, »dem erhabenen Gotamo aus dem Geschlecht der Sakka« einmal vortrugen (A 3,66). Sie fühlten sich schlicht überfordert durch die vielen Ratschläge und Therapien, die ihnen da von allen möglichen miteinander konkurrierenden Schulen angeboten wurden:

Es kommen da, o Herr, einige Asketen und Brahmanen nach Kesaputta, die lassen bloß ihren eigenen Glauben leuchten und glänzen, den Glauben anderer aber beschimpfen, schmähen, verachten und verwerfen sie.
Wieder andere Asketen und Brahmanen kommen nach Kesaputta, und auch die lassen bloß ihren eigenen Glauben leuchten und glänzen, den Glauben anderer beschimpfen, schmähen, verachten und verwerfen sie.

Da sind wir denn, o Herr, im unklaren, sind im Zweifel, wer wohl von diesen Asketen und Brahmanen Wahres und wer Falsches lehrt.

Wie ging Buddha auf die Frage ein? Empfahl er dem Rat der Stadt eine »Gutachterkommission«, verwies er sie an Experten, die die unübersichtliche Situation für sie klären sollten? Das wäre ganz gewiß nicht im Sinne seiner Grundeinsicht gewesen, wonach »in diesem sechs Fuß hohen, mit Wahrnehmung und Bewußtsein versehenen Körper« die ganze Welt, »der Welt Entstehung, der Welt Ende und der zu der Welt Ende führende Pfad« enthalten ist. (A 4,45) Den Kalamern wurde also Mut gemacht, ihrer eigenen Urteilskraft zu vertrauen. Um die Grundlagen der eigenen Wohlfahrt zu erkennen, brauchten sie keine auswärtigen Spezialisten, die womöglich nur verfremdeten, was doch durch Einsicht ins konkrete »Hier und Jetzt« der eigenen Zuständlichkeiten deutlich zu erkennen war:

Kalamer, geht nicht nach Hörensagen, nicht nach Überlieferungen, nicht nach Tagesmeinungen, nicht nach der Autorität heiliger Schriften, nicht nach bloßen Vernunftgründen und logischen Schlüssen, nicht nach erdachten Theorien und bevorzugten Meinungen, nicht nach dem Eindruck persönlicher Vorzüge, nicht nach der Autorität eines Meisters!
Wenn ihr aber selber erkennt: »Diese Dinge sind unheilsam, sind verwerflich, werden von Verständigen getadelt, und wenn ausgeführt und unternommen, führen sie zu Unheil und Leiden«, dann Kalamer, möget ihr sie aufgeben.
Was glaubt ihr, Kalamer, gereicht die Gier, die im Menschen aufsteigt, ihm zum Heil oder Unheil?
Zum Unheil, o Herr.
Aus Gier, Kalamer, von der Gier überwältigt, umstrickten Geistes, tötet man Lebendiges, nimmt man Nichtgegebe-

nes, vergeht man sich mit seines Nächsten Weib, spricht man Lüge und spornt auch andere dazu an; und dies wird einem lange Zeit zum Unheil und Leiden gereichen.
So ist es, o Herr.

Gleiche Wirkungen, so wurde den Kalamern dann weiter dargelegt, haben auch Haß und Unwissenheit. Auch sie führen immer wieder zu negativen Handlungen, deren Folgewirkungen noch lange Zeit ausgelebt werden müssen. Die Beurteilungsmaßstäbe für ein einsichtsvolleres Verhalten waren entsprechend einfach und direkt am eigenen Erleben orientiert:

Was glaubt ihr, Kalamer, sind diese Dinge heilsam oder unheilsam?
Unheilsam, o Herr.
Verwerflich oder tadelig?
Verwerflich, o Herr.
Und werden diese Dinge von Verständigen gepriesen oder getadelt?
Getadelt, o Herr.
Und führen diese Dinge, wenn ausgeführt und unternommen, zu Unheil und Leiden oder nicht?
Diese Dinge, o Herr, wenn ausgeführt und unternommen, führen zu Unheil und Leiden. So denken wir hierüber.
Aus diesem Grunde, Kalamer, haben wir gesagt: Geht nicht nach Hörensagen, nicht nach Überlieferungen, nicht nach Tagesmeinungen, nicht nach der Autorität heiliger Schriften, nicht nach bloßen Vernunftgründen und logischen Schlüssen, nicht nach erdachten Theorien und bevorzugten Meinungen, nicht nach dem Eindruck persönlicher Vorzüge, nicht nach der Autorität eines Meisters!

Im weiteren Verlauf des Gesprächs mit den Kalamern wird ihnen dann verdeutlicht, wie wohltuend umgekehrt doch alle Handlungen seien, die ohne Gier, ohne Haß und unverblendeten Geistes bedacht und ausgeführt würden. Schon zu Lebzeiten und ganz unabhängig von ihren sonstigen Weltanschauungen könnten sie daraus Nutzen ziehen:

Sofern es eine andere Welt und ein Ergebnis guter und schlechter Taten gäbe, könne »man des Trostes gewiß sein, auf einer glücklicheren Daseinsfährte wieder zu erscheinen«.
Aber auch wenn man an die Wirkungsgesetze des *Dhamma* nicht glaube, lebe man doch wenigstens in dieser Welt des Hier und Jetzt »ein leidloses, glückliches Leben, frei von Haß und Übelwollen«.

Die Kalamer waren von dieser einfachen und anschaulichen Vergegenwärtigung des »im Grunde ihres Herzens« ja selbst längst schon Gewußten so beeindruckt, daß sie am Ende ihrer Begegnung den Buddha baten, sie künftig als seine Anhänger zu betrachten.

Der Lehrer, seine Lehre und die zusammen mit ihm Lernenden sollten ihnen von nun an sichere Zuflucht sein und helfen, »Umgestürztes« wiederaufzurichten, »das Verborgene« zu enthüllen und »den sicheren Weg« zu finden. Seinen Markierungen, auch wenn noch nicht alle »in Wirklichkeit« (als wohltuende Wirkungen also) selbst erkannt, konnten sie vertrauen. Die Beschreibungen von weiter Fortgeschrittenen stimmten mit allem überein, was sie bislang als Wohl- und Wehgefühle selbst schon erlebt und erlitten hatten.

Es waren ja keine Beschreibungen, die der Buddha gab! Nicht (womöglich noch von anderen) Beschriebenes, sondern selbst unmittelbar Erfahrenes wurde im direkten Kontakt zwischen Sprecher und Hörern so lange anschaulich vermittelt, bis Einverständnis (ein gemeinsames Verständnis also) sich einstellte, auf dem aufbauend dann beim nächsten Gespräch und bezogen auf die jeweilige »Hörfähigkeit« der Fragenden ein weiterer Schritt zur Vermittlung des Weges getan werden konnte.

An dieses Muster schritt- oder stufenweiser Belehrungen ist auch der direkte Austausch gebunden. Ganzheitlich unmittelbares, selbstsüchtige Eingrenzungen momentan auflösendes Ein-Verständnis war auch zu Buddhas Zeiten eher die Ausnahme und nicht die Regel bei der Vermittlung des *Dhamma*. Die achtgliederige Einteilung des *Magga* ist daher als ein kommunikatives Hilfsmittel und nicht etwa als Leiter zu verstehen, auf der sich die Übenden Sprosse um Sprosse emporarbeiten müssen, um »ans Ziel« zu gelangen. So wie die Morgenröte dem Sonnenaufgang vorausgeht, geht zwar »den heilsamen Dingen als Vorläufer und erstes Anzeichen die rechte Erkenntnis« (A 10,121) voraus; insofern steht auch ein erstes keimhaftes Verständnis des *Dhamma* am Anfang. Im übrigen aber bedingen und verschränken sich die Glieder des *Magga* wechselseitig und sind wirklichkeitsgemäß eher als ein Netz zu begreifen, in dem Veränderungen in einem der Knotenpunkte Verzerrungen oder Entspannungen in allen anderen zur Folge haben. Dennoch läßt sich vereinfachend sagen: Wissen ohne praktisches Handeln bleibt wirkungslos, Handeln ohne meditative Läuterung erstarrt zum Ritual, meditative Übungen ohne rechtes Wissen verführen zum Verweilen in (manchmal schönen) außerweltlichen Gefilden.

Wissen: Rechte Erkenntnis und rechte Gesinnung

Am Ende der längeren Lehrrede über die Grundlagen der Achtsamkeit (D 22) charakterisiert Buddha »rechte Erkenntnis« kurz und prägnant so: »Erkenntnis des Leidens,

Erkenntnis der Leidens-Entstehung, Erkenntnis der Leidens-Erlöschung, Erkenntnis des zur Leidens-Erlöschung führenden Pfades. Das nennt man rechte Erkenntnis.«

Rechte Erkenntnis ist also gleichbedeutend mit dem Wissen um die vier Grundwahrheiten des *Dhamma* und die befreienden Möglichkeiten des *Magga*. Wie aber kommt es dazu? Sariputto, für seine besonderen Fähigkeiten zur Lehrdarlegung bekannt, erklärte es einem jüngeren Mönch einmal so (M43): »Zwei Bedingungen liegen der rechten Erkenntnis zugrunde, Bruder; die Stimme eines anderen und tiefes Nachdenken.«

Inwiefern Bücher »die Stimme eines anderen« ersetzen können, das muß man selbst herausfinden; auf jeden Fall haben wir heute die Chance, Texte und auch Stimmen von Lehrern und Lehrerinnen zu sammeln, ohne uns auf jahrelange Pilgermärsche begeben zu müssen. Dieser Vorteil wird jedoch zur Fessel, wenn uns immer noch mehr Literatur zum »tiefen Nachdenken« über »Probleme« verführt, die im direkten Kontakt mit »der Stimme eines anderen« und angesichts eines stimulierenden Vorbildes im wahrsten Sinne des Wortes gegenstandslos werden. Gerade darin liegt ja die befreiende Erfahrung des Weges, daß alte Fragen entschwinden, ohne neue Probleme zu schaffen.

Um die chiffrenartige Beschreibung etwas zu detaillieren, seien nachfolgend aber dennoch vier der wesentlichen Merkmale aufgeführt, die vom Buddha bei anderen Gelegenheiten zur weiteren Kennzeichnung dessen gegeben wurden, was rechte Erkenntnis in seinem Sinne bedeutet.

1. Rechte Erkenntnis der *drei Daseinsmerkmale* Vergänglichkeit (*Anicca*), Leidhaftigkeit (*Dukkha*) und Unpersönlichkeit (*Anatta*).
2. Rechte Erkenntnis des *karmisch Unheilsamen* (und des karmisch Heilsamen = Abstehen von Töten, Nehmen fremden Eigentums etc.):

- Töten von Lebewesen
- Nehmen fremden Eigentums
- unzulässiger Geschlechtsverkehr
- Lügen
- Zwischenträgerei
- rohe Rede
- leeres Geschwätz
- Habgier
- Übelwollen
- üble Absichten

3. Rechte Erkenntnis der *fünf Fesseln:*
   - Persönlichkeitsglaube
   - Zweifelsucht
   - Hang an äußeren Regeln und Riten
   - Sinnengier
   - Groll
4. Rechte Erkenntnis der *bedingten Entstehung* (vgl. S. 34)

Beim »tiefen Nachdenken« über diese und andere Worte zur Beschreibung des *Dhamma* und als Veranschaulichung des *Magga* ist immer wieder (!) die Warnung zu bedenken, die Buddha am Ende eines längeren Gesprächs (D 9) über die Lehre dem Pilger Potthapado mit auf den weiteren Weg gab: »Alles das sind volkstümliche Bezeichnungen und Namen, konventionelle Ausdrücke und Begriffe, deren sich der Vollendete zwar bedient, ohne aber sich daran zu klammern.«

Um die als »rechte Erkenntnis« bezeichneten Einsichten also über das Bedenken von Wortfolgen hinaus Wirklichkeit werden zu lassen, ist eine Verinnerlichung ihrer tieferen Bedeutungen erforderlich, so daß ein allmählicher Wandel der Sinne, ihrer Wahrnehmungs-, Aneignungs- und Einverleibungstendenzen stattfindet. Insofern ist *rechte Gesinnung* das »logische« zweite Glied des Pfades, mit dem Umstrukturierungsprozesse im eigenen Erleben angedeutet werden sollen, die »rechte Erkenntnis« dann nach sich zieht, wenn sie zu wirken beginnt.

Die Kurzbeschreibung des Buddha dazu (D 22) lautet: »Entsagende Gesinnung, haßlose Gesinnung, friedfertige Gesinnung. Das ist rechte Gesinnung.« Wodurch wird sie begleitend gepflegt? Durch rechte Erkenntnis, rechte Anstrengung und rechte Achtsamkeit. Diese abschließenden drei Pfadglieder sind auch begleitende Helfer der rechten Praxis.

Praxis: Rechte Rede, rechtes Handeln und rechter Lebenserwerb

Es gehört wenig Phantasie dazu, die folgende Skizze in die Gegenwart zu übertragen; mögen auch die Mittel der Kommunikation sich verändert haben, die von ihnen heute bis in die letzten Winkel der Erde gesendeten Inhalte sind die gleichen wie vor zweitausendfünfhundert Jahren und bedienen die noch immer gleichen Bedürfnisse. Sich nicht derart immer wieder den Geist zerstreuen zu lassen, war der Sinn der Ermahnung, die Buddha seinen Bhikkhus gab, als er über »niedere Gespräche« sagte (S 56,10):

Gebt euch nicht den vielerlei niedrigen Gesprächen hin, wie Gesprächen über Fürsten, Räuber, Minister, Heere, Gefahren, Krieg, Essen und Trinken, Kleider und Lagerstätten, Blumenschmuck und Düfte, Verwandte, Wagen, Dörfer, Marktflecken, Städte und Länder, Weiber und Helden, Straßen- und Brunnengespräche, Gesprächen über die Geister der Verstorbenen, Klatschereien, Gesprächen über Welt und Meer, über Gewinn und Verlust.

Liest sich diese Aufzählung nicht wie das Inhaltsverzeichnis einer Wochenzeitung oder die Vorschau auf ein Fernsehprogramm? Was erkennen wir also, wenn wir in den Spiegel sehen?

Allerdings gab es auch zur damaligen Zeit schon Bürger, die sich um einen anderen Lebenssinn redlich bemühten. So zum Beispiel den Schmied Cunda, in dessen Mangohain Buddha einmal rastete. Am Abend suchte er den Erhabenen auf, begrüßte ihn ehrerbietig, und es ergab sich ein Gespräch, bei dem ihn Buddha fragte, welche Läuterungsübungen ihm besonders gefielen. Darauf berichtete Cunda (A 10,176) über die verschiedenen Praktiken, wie sie ihn die Brahmanen gelehrt hatten:

»Erhebe dich rechtzeitig von deinem Lager und berühre den Boden. Magst du aber den Boden nicht berühren, so berühre feuchten Kuhdünger. Magst du aber feuchten Kuhdünger nicht berühren, so berühre grünes Gras. Magst du aber grünes Gras nicht berühren, so warte dem Feuer auf. Magst du aber dem Feuer nicht aufwarten, so verehre mit erhobenen Händen die Sonne. Magst du aber die Sonne nicht verehren, so tauche des Abends zum dritten Mal im Wasser unter.« So, o Herr, lehren jene Brahmanen die Läuterungsregeln, und diese Regeln sagen mir zu.

Indienkenner werden mit mir übereinstimmen, daß diese Anweisungen noch heute allenthalben im Lande befolgt werden; als besonders heilsträchtig gilt, wer sie in der einen oder anderen Form akribisch befolgt.

Behutsam machte Buddha dem so bemühten Cunda damals klar, daß seine Wegweisungen nicht auf derlei Äußerlichkeiten abheben; und am konkreten Beispiel der »vierfachen Lauterkeit in Worten« wird erklärt, was *rechte Rede* konkret bedeutet:

Da meidet einer die *Lüge*: Befindet er sich in einer Gemeindeversammlung, in einer Zusammenkunft, unter Verwandten, in der Gilde oder wird er vor Gericht geladen und als Zeuge befragt: »Komm, lieber Mann, sage uns, was du weißt«, so sagt er, wenn er nichts weiß: »Ich weiß es nicht«, und wenn er etwas weiß: »Ich weiß es.« Wenn er nichts gesehen hat, sagt er: »Ich habe nichts gesehen«, und wenn er etwas gesehen hat: »Ich habe es gesehen.« So spricht er weder um seinetwillen noch um anderer willen noch um irgendeines weltlichen Vorteils willen eine bewußte Lüge.

Er meidet die *Zwischenträgerei*: Was er hier gehört hat, erzählt er dort nicht wieder, um diese zu entzweien; und was er dort gehört hat, erzählt er hier nicht wieder, um jene zu entzweien. So einigt er die Entzweiten, festigt die Verbundenen; Eintracht liebt er, an Eintracht findet er Freude und Gefallen, und Eintracht fördernde Worte spricht er.

Er meidet *rohe* Rede: Milde Worte, die dem Ohr angenehm sind, liebreich, zu Herzen gehend, höflich, viele beglükkend und erfreuend, solche Worte spricht er.

Er meidet törichtes *Geschwätz*: Er redet zur rechten Zeit, sachlich, zweckdienlich, im Sinne der Lehre; führt Reden, die wertvoll sind, angebracht, gebildet, angemessen und sinnreich.

Das, Cunda, ist vierfache Lauterkeit in Worten.

»Selbst«verständlich – gemessen also am gegenwärtigen Verständnis, das wir uns über ein intellektuell brillierendes Selbst gebildet haben – wirken diese Anweisungen in Diktion und Stil altertümlich. Vielleicht kann aber gerade ein Bruch im gewöhnlichen Lesefluß dazu verhelfen, ein zweites Mal hinzuschauen, auch wenn dabei das übliche Lesepensum von möglichst vielen Seiten pro Stunde nicht eingehalten werden kann? Was also ist *rechtes Tun* im Sinne der vierten »Markierung« des *Magga*?

Da meidet einer das *Töten*: Stock und Waffe ablegend, ist

er von Zartgefühl und Liebe erfüllt; für alle Wesen und Geschöpfe empfindet er Wohlwollen und Mitgefühl.
Er meidet das *Stehlen*, steht ab vom Nehmen des Nichtgegebenen: Was da ein anderer in Dorf oder Wald an Hab und Gut besitzt, dieses ihm nicht Gegebene eignet er sich nicht in diebischer Absicht an.
Den unrechten Wandel in *Sinnenlüsten* meidet er: Er vergeht sich nicht gegen Mädchen, die unter der Obhut von Vater, Mutter, Bruder, Schwester oder Verwandten stehen.
Das, Cunda, ist dreifache Lauterkeit in Werken.

Aus den detaillierten Übungsanweiungen für die rechte Reden und das rechte Handeln ergeben sich unmittelbar einsichtige Folgerungen für den *rechten Lebenserwerb.* Hinzu kommt, daß die soziale Differenzierung der damaligen indischen Gesellschaft überschaubar war, so daß die Ausgrenzung weniger Berufe schon genügte, um rechten Lebenserwerb deutlich zu machen (A 5,177):

Fünf Arten des Handels sollten die Laienanhänger nicht ausüben. Welche fünf?
Handel mit Waffen, Handel mit Lebewesen, Handel mit Fleisch, Handel mit Rauschmitteln und Handel mit Giften.

In der konkreten Ausgestaltung der drei praktischen Wegmarkierungen »rechte Rede«, »rechtes Handeln« und »rechter Lebenserwerb« die richtige, dem eigenen Verständnis und der jeweils besonderen Lebenssituation angemessene, immer wieder neu zu findende Mitte zwischen fundamentalistischem Alles oder zynisch-resigniertem Nichts zu finden – gerade das macht den mittleren Weg so (an)spannend und stimulierend. Darum ist das Immer-Weiter-Gehen, ohne anzukommen, sein eigentliches Ziel!
Mit der vierten Grundwahrheit über die Kennzeichen des mittleren Weges hatte Buddha den Nachfolgern und Nach-

folgerinnen nicht etwa ein Instrument in die Hand geben wollen, mit dem sie sich von der verschwenderischen Vielfalt der Erlebnismöglichkeiten abschneiden sollten. Vielmehr ging es ihm darum, ihnen neue Formen des Umgangs mit diesen Erlebnismöglichkeiten derart zu vermitteln, daß sie nicht über die immer wieder gleichen selbstsüchtigen Greifprozesse in leidenschaftliche Verhaftungen geraten sollten.

»Das bin ich nicht, das gehört mir nicht, das ist nicht mein Selbst.« Auch wenn es zunächst scheint, als würden mit dieser Einstellung alle Möglichkeiten intensiverer Beziehungen neutralisiert: Je länger man sie praktiziert, desto deutlicher offenbart sich recht verstandene Lehre als Potential der Fülle. Bietet der Raum denn nicht um so mehr Platz für die Aufnahme von Fremdem, je nachhaltiger das Eigene aufgelöst worden ist?

Eine derartige »mitweltliche Entgrenzung« wird als *Upekkha* bezeichnet, eine Erlebnisqualität, die mit dem Wort »Gleichmut« ganz gewiß nicht richtig zu vermitteln ist. Geht es doch um die *unterschiedslose*, nicht »selbst«-süchtig verzerrte *Zuwendung zu allen Wesen*, das gleich gestimmte Gemüt also, das nicht mehr im *Dukkha* von Verlangen und Verwünschen dualistisch verstrickt, sondern für die große Freude allumfassender *Sukha* offen geworden ist.

»Rechte Achtsamkeit« und »rechte Sammlung« sind die Methoden, um derartige Transformationsprozesse des Denkens und Handelns mit der zugehörigen »rechten Anstrengung« zu fördern.

Methode: Rechte Anstrengung, rechte Achtsamkeit und rechte Sammlung

Was aber ist *rechte Anstrengung*?
Vier rechte Anstrengungen gibt es: Anstrengung zur Vermeidung, Anstrengung zur Überwindung, Anstrengung zur Erweckung und Anstrengung zur Erhaltung. (A 4,14)

Bei der *Anstrengung zur Vermeidung* geht es darum, potentiell unheilsame Dinge nicht aufsteigen und sich weiter entwickeln zu lassen. Die Übung der rechten Achtsamkeit lehrt, wie mit *Dukkha*-trächtigen Tendenzen des Haftens wohlwollend derart umzugehen ist, daß »Begehrsucht und Kummer« nicht aufsteigen.

Gleiches gilt für die *Anstrengung zur Überwindung*, die befähigen soll, »üble und unheilsame Gedanken«, nachdem sie aufgestiegen sind, durch »reines Beobachten« zu entkräften, ihnen keine weitere Nahrung zu geben. Vergänglich wie positive Gedanken auch, »gehören sie mir nicht, sind sie nicht mein Selbst«. Kein Grund also, sie durch schuldhafte Reflexionen weiter zu kultivieren und als »schlechtes Gewissen« festzuschreiben.

Die *Anstrengung zur Erweckung* kennzeichnet den Willen, immer mehr heilsame Dinge aufsteigen zu lassen. Ein Hilfsmittel dabei ist die emanzipatorische Sequenz der »sieben Erleuchtungsglieder«, die bei den Erläuterungen zur »rechten Achtsamkeit« noch genauer beschrieben werden.

Die *Anstrengung zur Erhaltung* schließlich kennzeichnet das Bemühen, einmal erreichte heilsame Dinge zu festigen und nicht wieder absinken zu lassen.

Konkreter Hintergrund der vier rechten Anstrengungen ist das im Erwachten während der zweiten Nachtwache (vgl. Seite 23) aufgestiegene Wissen, daß die Wesen je nach ihren Taten in günstigen oder ungünstigen Umständen wiedererscheinen. Taten jedoch sind nichts anderes als die äußerlichen Manifestationen von Gedanken und Strebungen. Das *Dhammapada*, der in 423 Versen zusammengefaßte »Weg zur Weisheit«, beginnt daher mit der grundlegenden Feststellung:

1. Vom Geist geführt die Dinge sind,
   Vom Geist beherrscht, vom Geist gezeugt,
   Wenn man verderbten Geistes spricht,
   Verderbten Geistes Werke wirkt,
   Dann folget einem Leiden nach
   Gleichwie das Rad des Zugtiers Fuß.

In den frühen Kommentaren zu diesem Vers heißt es: »›Wenn man verderbten Geistes spricht, verderbten Geistes Werke wirkt‹, dann führt man beim *Sprechen* einen vierfachen üblen Wandel in Worten (Lüge, Zwischenträgerei, rohe Rede, leeres Plappern), beim *Handeln* einen dreifachen üblen Wandel in Werken (Töten, Stehlen, Ehebrechen); beim Nichtsprechen und Nichthandeln aber führt man aufgrund des durch Habgier, Übelwollen und üble Ansichten verderbten Geisteszustandes einen üblen Wandel in *Gedanken.*« Auf diese Weise kommen die zehn unheilsamen Wirkensfährten (vgl. Seite 78) zum vollen Entstehen. Umgekehrt aber gilt:

2. Wenn man da lautern Geistes spricht
   Und lautern Geistes Werke wirkt,
   Dann folget einem Freude nach,
   Gleichwie der Schatten, der nie weicht.

In seinen Seminaren zur »Überwindung der Trauer« veranschaulicht der vietnamesische Zen-Mönch Thich Nhat Hanh diese einfachen und gerade deshalb so besonders irritierenden Zusammenhänge (irritierend deswegen, weil sie uns lehren, die »Schuld« an leidvollen Erfahrungen nicht außerhalb von uns, sondern in uns zu erkennen) mit dem Bild vom Garten, in dem der Mensch die ihm angenehmen Pflanzen fördert, andere jedoch fernzuhalten versucht. Ähnlich gelte es auch, viele günstige *Kamma*-Samen in uns Wurzel fassen zu lassen, sie mit Achtsamkeit zu pflegen und gegen Wildwuchs zu schützen. Je länger man dies tue, desto nachhaltiger könne ein *Dhamma*-Feld entstehen, in dem immer mehr Heilpflanzen bewirken, daß immer weniger giftige Gewächse ihren Nährboden finden.

Bodhidharmas berühmte Antwort (»Große Weite, nichts von heilig«) auf die Frage des chinesischen Kaisers Wu-Di, was denn der höchste Sinn der Lehre sei, die er da von Südindien ins Reich der Mitte brächte, wird also gründlich mißverstanden, wenn postmoderne Zeitgenossen sie als klassische Aufforderung zur Libertinage des »everything goes« auslegen. »Große Weite«, die Nicht-Identität und Wandelbarkeit aller dhammischen Prozesse, läßt rechte Anstrengungen zur Vermeidung und Überwindung des Unheilsamen derart wirksam werden, daß eine befreiende Fülle des Heilsamen erweckt und erhalten werden kann. *Rechte Achtsamkeit*, die siebente Markierung des Weges, gibt detailliert an, wie dabei vorzugehen ist.

Die »Große Lehrrede von den Grundlagen der Achtsamkeit« (*Maha Satipatthana Sutta*, D 22) beginnt mit dem besonderen Hinweis:

Der einzige Weg ist dies zur Läuterung der Wesen, zur Überwindung von Kummer und Klage, zum Schwinden von Schmerz und Trübsal, zur Gewinnung der rechten Methode, zur Verwirklichung des *Nibbana*.

»Der einzige Weg« (*Ekayano* bzw. *Ekayano maggo*), diese außerordentliche Kennzeichnung einer Darlegung kommt im klassischen Pali-Kanon nur zweimal vor: in der Einleitung zur längeren (D 22) und zur kürzeren (M 10) Lehrrede über die Grundlagen der Achtsamkeit! Sie wurde gewählt, weil Buddha darin die Quintessenz der Methoden vermittelt, die er auf seinem Übungsweg als befreiend erprobt und zum eigenen Erwachen geeignet erkannt hatte. Alle meditativen Techniken, die sich bei der Ausbreitung des *Dhamma* und in Anpassung an die spezifischen sozio-kulturellen Gegebenheiten unterschiedlicher Milieus entwikkelt haben, lassen sich auf die Grundlagen der Achtsamkeit zurückführen. Sie sind nichts anderes als »geschickte Mittel«, um den besonderen »Hörgewohnheiten« etwa in Japan oder Tibet zu entsprechen.

Konkret geht es darum, daß die Übenden – beim reinen Beobachten des Körpers, der Gefühle und der Geisteszustände beginnend – zu einer Wahrnehmung der Lehre des *Dhamma* gelangen, wie sie dem »wahn«sinnigen Alltagsbewußtsein nicht möglich ist:

Da weilt der Übende beim Körper in Betrachtung des Körpers, eifrig, wissensklar und achtsam, nach Verwindung von Begierde und Trübsal hinsichtlich der Welt.
Er weilt bei den Gefühlen in Betrachtung der Gefühle, eifrig, wissensklar und...
Er weilt beim Geist in Betrachtung des Geistes, eifrig, wissensklar und...
Er verweilt bei den Geistobjekten in Betrachtung der Geistobjekte, eifrig, wissensklar und achtsam, nach Verwindung von Begierde und Trübsal hinsichtlich der Welt.

Die »Hinweise zum Selbergehen« am Ende dieses Buches nennen Bücher, in denen die grundlegenden Methoden buddhistischer Meditation beispielhaft dargestellt werden. Hier muß eine zusammenfassende Beschreibung ihrer Hauptmerkmale genügen, die vor allem eines bewirken soll: den Schleier des Geheimnisvollen zu zerreißen, der (aus »professionellen« Interessen zum Beispiel) immer wieder um die Meditation gelegt wird. Die meditativen Wegbeschreibungen im Sinne des *Dhamma* sind genauso eindeutig wie Rezepte in einem guten Kochbuch. Sie haben mit Kochbüchern allerdings auch gemeinsam, daß vom Lesen allein noch niemand satt geworden ist. Wie also »weilt der Übende beim Körper in Betrachtung des Körpers«?

Da ist der Übende in den Wald gegangen, an den Fuß eines Baumes oder in eine leere Behausung. Er setzt sich nieder, mit verschränkten Beinen, den Körper gerade aufgerichtet, die Achtsamkeit vor sich gegenwärtig haltend, und achtsam atmet er ein, achtsam atmet er aus.
Lang einatmend, weiß er: »Ich atme lang ein«; lang ausatmend, weiß er: »Ich atme lang aus.« Kurz einatmend, weiß er: »Ich atme kurz ein«; kurz ausatmend, weiß er: »Ich atme kurz aus.« »Den ganzen Körper empfindend, werde ich einatmen«, so übt er; »den ganzen Körper empfindend, werde ich ausatmen«, so übt er. »Die Atemfunktionen beruhigend, werde ich einatmen«, so übt er; »die Körperfunktionen beruhigend, werde ich ausatmen«, so übt er.
Die Dinge in ihrem Entstehen betrachtend, weilt er beim Körper; die Dinge in ihrem Vergehen betrachtend, weilt er beim Körper. Die Dinge in ihrem Entstehen und Vergehen betrachtend, weilt er beim Körper.
»Ein Körper ist da«, so ist seine Achtsamkeit gegenwärtig, eben nur soweit es der Erkenntnis und Achtsamkeit dient.
So weilt der Übende beim Körper in Betrachtung des Körpers.

Rechte Achtsamkeit hat als »Betrachtung des Körpers« also die Pflanzen und Lebewesen verbindende Atemfunktion zur ersten Grundlage. Bei ihr versucht man »eifrig«, nach Störungen also immer wieder dahin zurückgehend, zu verweilen und ist »wissensklar« hinsichtlich des befreienden Potentials dieser Methode. Man ist »achtsam« und bemüht, Verlangen und Verwünschen nach weltlichen Dingen (auch nach besonderen Erfolgen auf diesem Weg!) hinter sich zu lassen.

»An den Fuß eines Baumes« oder in »eine leere Behausung« werden sich Übende heute nur selten noch setzen (können); vielmehr sind die der jeweiligen Soheit einer Lebenssituation entsprechenden Freiräume zu schaffen, die regelmäßige Übungszeiten ermöglichen. Ob Europäer dabei dann gleich mit verschränkten Beinen zur ruhigen Haltung zu finden vermögen, ist auszuprobieren. Wichtig ist auf alle Fälle eine nicht angelehnte aufrechte Sitz- oder auch kniende Haltung, bei der eine leicht nach vorn tendierende Neigung des Oberkörpers vom Gegengewicht des zurückgenommenen Kopfes ins rechte Lot gebracht wird.

Als hilfreich erweist sich dabei die Vorstellung, daß der Kopf von einem am Scheitel befestigten Faden nach oben gezogen wird und daß dieser Zug sich bis ins das leicht nach vorn fallende Becken fortsetzt. Von diesem imaginären Faden gehalten, gilt es nun, eine immer wieder neue Mitte zwischen den Extremen Vorn und Hinten, Rechts und Links sowie Oben und Unten zu finden. Ein japanischer Zen-Lehrer hat mir diesen andauernden, von außen meist nicht wahrnehmbaren Balanceakt einmal mit dem schönen Wortspiel erklärt: »Right attention is a tranquil state of tension.« »Rechte Achtsamkeit als entspannte Form der Wachsamkeit« wäre vielleicht der angemessene deutsche Ausdruck, um wiederzugeben, worum es bei der rechten Haltung mit gerade aufgerichtetem Körper geht.

Bei der eigentlichen Übung wird der Atem hinsichtlich seiner Dauer, Tiefe und Anspannung achtsam im Entstehen und Vergehen betrachtet, ohne seine unterschiedlichen Qualitäten jedoch sonderlich zu bewerten. Eben nur soweit es der Erkenntnis und Achtsamkeit dient, weilt der Übende beim Körper und registriert das Ein und Aus, Tief und Langsam, Ruhig und Leicht eines unpersönlichen Lebensprozesses an sich. Ein Körper ist da, dessen Grundfunktionen ihren eigenen Gesetzen gehorchen. Kein Grund also, sich daran zu klammern, vielmehr: lächeln und loslassen. Ein einziger »Selbst«versuch des *»Ich-will-nicht-mehr-Einatmen«* verhilft ungläubigen Zweiflern zu einer schnellen Ent-Täuschung vom egozentrischen »Wahn«sinn.

Ist eine gewisse Fähigkeit, sich auf die Atembetrachtung zu konzentrieren, erst verwirklicht, dann kann man auch den weiteren Anweisungen über die vier Körperhaltungen (1) und die Wissensklarheit (2) folgen.

(1) Gehend weiß der Übende: »Ich gehe«; stehend weiß er: »Ich stehe«; sitzend weiß er: »Ich sitze«; liegend weiß er: »Ich liege.« Wie auch immer seine Körperstellung ist, so eben weiß er es.
(2) Und weiter noch: Beim Hingehen und Zurückgehen ist der Übende wissensklar in seinem Tun; beim Hinblicken und Wegblicken, beim Beugen und Strecken, beim Tragen der Gewänder und der Schale ist er wissensklar in seinem Tun. Beim Essen, Trinken, Kauen und Schmecken sowie beim Entleeren von Kot und Urin ist er wissensklar in seinem Tun. Beim Gehen, Stehen, Sitzen, Einschlafen, Reden und Schweigen ist er wissensklar in seinem Tun.
So weilt der Übende beim Körper in Betrachtung des Körpers, soweit es der Achtsamkeit dient.

Um den Sinn dieser Anstrengungen zur festen Verankerung des Bewußtseins im jeweiligen Hier und Jetzt der körperlichen Zuständlichkeiten zu verstehen, muß man erkennen, daß unser Geist immer nur einen Sinneseindruck pro Wahrnehmungs- und Zeiteinheit aufnehmen und verarbeiten kann. Was sich also als sentimentale Erinnerung an einen schönen Augenblick darin abgelagert hat, war in Wirklichkeit nichts anderes als eine Sequenz von Blick-, Hör-, Geruchs-, Greif- und Schmeckkontakten, denen aufgrund früherer Bewußtseinsinhalte angenehme Empfindungsqualitäten zugeschrieben wurden.

Gelingt es, die Empfänglichkeit durch achtsames Beobachten des immer gleichen und dauerhaften Signals (Atem) zu fokussieren, so wird es möglich, das Bewußtsein von seinen lebenslangen Koordinierungs- und Bewertungsprogrammen zu befreien und in einen Zustand zunehmender Ruhe, Klarheit und »Einspitzigkeit« zu versetzen, mit dem man die stimulierende Soheit einer Blume in einem einzigen offenen (»frei von Verlangen und Verwünschen«) Augenblick ganz wahrnehmen kann.

Das vom Buddha gegebene Gleichnis über das Bändigen eines Elefanten (M 125) veranschaulicht diese Zusammenhänge so:

Gleichwie der Elefantenbändiger einen großen Pfahl in die Erde einläßt und den wilden Elefanten mit dem Hals daran kettet, um ihm seine wilden Gewohnheiten und Gedanken auszutreiben: Genauso hat der Übende seinen Geist an die vier Grundlagen der Achtsamkeit festgebunden, um ihm seine üblichen Gewohnheiten und Gedanken auszutreiben, ihm seine weltliche Beklemmung, Bedrücktheit und Heftigkeit abzugewöhnen, damit er den rechten Pfad gewinnen und das *Nibbana* verwirklichen möge.

Populärer als das Beispiel von der Zähmung eines wilden Elefanten sind die Zen-Darstellungen über das Hüten des Ochsen. Sie gehen zurück auf den »Weg der Reinheit« (*Visuddhi Magga*), einen im fünften Jahrhundert unserer Zeitrechnung in Ceylon verfaßten Kommentar über die reinigenden Methoden des *Magga*, in dem es im Kapitel über die Ein- und Ausatmung heißt[5]:

Nehmen wir an, ein Rinderhirt will einen widerspenstigen jungen Stier zähmen, der mit der Milch einer widerspenstigen Kuh großgezogen wurde. Er führt daher das Kalb von der Kuh weg und bindet es in der Nähe mit einem Strick an einen großen Pfosten an, den er in den Boden eingerammt hat. Und der junge Stier, sich hin- und herwindend und außerstande davonzulaufen, hockt oder legt sich schließlich bei jenem Pfosten nieder.

Genauso auch verfahre der Übende, der seinen lange Zeit hindurch mit den saftigen Getränken der sichtbaren und anderen Objekte großgezogenen, verwilderten Geist zu bändigen wünscht. Er wende ihn weg von den sichtbaren und anderen Objekten, begebe sich in den Wald oder an eine leere Stätte und binde ihn dort vermittels des Bandes der Achtsamkeit an den Pfeiler der Ein- und Ausatmung fest. Und sein Geist, sich hin- und herwindend, ohne die früher gehegten Objekte zu finden, und außerstande, das Band der Achtsamkeit zu zerreißen und davonzueilen, läßt sich schließlich bei eben jenem Objekt nieder und ruht sich bei ihm aus. Darum sagen die alten Meister:

Wie's Kalb, das man zu zähmen wünscht,
Man da am Pfosten bindet fest,
So bind' man seinen eignen Geist
Fest an das geistige Objekt.

Diese anschaulichen Hinweise auf den ersten Teil der viergliederigen Übungsmethode zur Schulung rechter Achtsamkeit mögen hier genügen. Wie aber geht es dann weiter, wie also »weilt der Übende bei den Gefühlen in Betrachtung der Gefühle«, wie »beim Geist in Betrachtung des

Geistes«? Die Methoden sind nicht schwer zu begreifen; sie wollen bewirken, daß wir durch »unsere« Gefühle nicht verhaftet und durch störende Geisteszustände nicht verwirrt werden.

Wie richtet der Übende Achtsamkeit auf seine Gefühle? Verspürt er ein angenehmes Gefühl, dann ist er sich bewußt: »Ich verspüre ein angenehmes Gefühl.« Verspürt er ein unangenehmes Gefühl, dann ist er sich bewußt: »Ich verspüre ein unangenehmes Gefühl.« Verspürt er ein Gefühl, das weder angenehm noch unangenehm ist, dann ist er sich bewußt: »Ich verspüre ein weder angenehmes noch unangenehmes Gefühl.«
So konzentriert sich der Übende und richtet seine Achtsamkeit auf die eigenen und die Gefühle auch anderer Menschen. Er begreift den gesetzmäßigen Prozeß ihres Entstehens und Vergehens.
»Gefühle sind da«, so ist seine Achtsamkeit gegenwärtig, eben nur soweit es der Erkenntnis dient.

Gewiß, in modernen »Selbst«erfahrungsgruppen geht es meist munterer zu, als es die reine Gefühlsbetrachtung im Sinne des *Magga* nahelegt. Ob solche Gruppen aber auch nachhaltige Befreiung von *Dukkha* bewirken oder lediglich unterhaltsame Wochenenden bescheren, ist eine Frage der »Selbst«prüfung und des »selbst«kritischen eigenen Denkens.

Wie aber richtet der Übende Achtsamkeit auf sein Denken (Geist)?
Er ist sich begehrlicher Gedanken als begehrlich und begierdeloser als begierdelos bewußt. Haßerfüllte Gedanken erkennt er als haßerfüllt und haßfreie als haßfrei. Verwirrte Gedanken erkennt er als verwirrt und geordnete als geordnet. Konzentrierte Gedanken erkennt er als konzentriert

und zerstreute als zerstreut. Erhabene Gedanken erkennt er als erhaben und niedrige als niedrig. Befreite Gedanken erkennt er als befreit und unfreie als unfrei.
So konzentriert sich der Übende und richtet seine Achtsamkeit auf sein eigenes und das Denken auch anderer Menschen: Er begreift den gesetzmäßigen Prozeß des Entstehens und Vergehens von Gedanken.
»Gedanken sind da«, so ist seine Achtsamkeit gegenwärtig, eben nur soweit es der Erkenntnis dient.

Merkwürdigerweise gehen heutige Meditationsanweisungen selten über die Achtsamkeits- und Klarblickübungen der Körper-, Gefühls- und Geistbetrachtung hinaus. Im recht verstandenen Sinne des siebenten Pfadgliedes sind sie jedoch nur läuternde Vorbereitungen auf die eigentliche vierte Stufe des Gewahrseins der Geistobjekte, eines Gewahrseins allerdings, wie es in angestrebter Tiefe erst nach den beschriebenen Vorübungen möglich wird. Konkret geht es darum, die Inhalte des *Dhamma* und *Magga* reiner zu erfahren, als es das Alltagsbewußtsein erlaubt:

Wie weilt der Übende bei den Geistobjekten in Betrachtung der Geistobjekte?
Da weilt er (1) bei den *fünf Hemmungen*, nämlich Sinnenverlangen, Haß, Starrheit und Müdigkeit, Aufgeregtheit und Gewissensunruhe, Zweifel.
Er weiß, wenn in ihm Zweifel ist: »Zweifel ist in mir.« Er weiß, wenn in ihm kein Zweifel ist: »Kein Zweifel ist in mir.« Wie es zur Entstehung des Zweifels kommt, das weiß er; wie er den Zweifel aufheben kann, das weiß er; und auch wie es künftig nicht mehr zu neuen Zweifeln kommen kann, das weiß er.
»Geistobjekte sind da«, so ist seine Achtsamkeit gegenwärtig, eben nur soweit es der Erkenntnis dient.
Und weiter weilt der Übende (2) bei den *fünf Gruppen des*

Anhangens von Körperlichkeit, Gefühl, Wahrnehmung, geistigen Gestaltungen und Bewußtsein.
Und weiter weilt der Übende (3) bei den sechs *Sinnesgrundlagen* von Auge, Ohr, Nase, Zunge, Leib und Geist. Er kennt das Auge und die Sehobjekte; und welche Fessel durch diese beiden bedingt entsteht, auch die kennt er. Wie es künftig nicht mehr zum Entstehen der Fessel kommt, auch das weiß er.

Vergegenwärtigt sich der Übende so in den einleitenden (hier gekürzt wiedergegebenen) Übungen zur Betrachtung der Geistobjekte (nochmals) die Haupthindernisse auf dem Weg und die Methoden des rechten Umgangs damit, so beginnen mit den darauffolgenden Betrachtungen die weiterführenden Erwägungen der emanzipatorischen Strategien der vierten Grundwahrheit:

Da weilt der Übende (4) bei den *sieben Gliedern der Erleuchtung*: Achtsamkeit, Lehr-Ergründung, Tatkraft, Entzücken, Ruhe, Sammlung und Gleichmut.
Er weiß, wenn in ihm das Erleuchtungsglied Achtsamkeit da ist: »Achtsamkeit ist in mir vorhanden.« Er weiß, wenn Achtsamkeit nicht vorhanden ist: »Achtsamkeit ist nicht vorhanden.« Wie es zur Entstehung von Achtsamkeit kommt, das weiß er; und auch wie es zur Entfaltung und Vollendung des Erleuchtungsgliedes Achtsamkeit kommt, das weiß er.

Die »Sieben Erleuchtungsglieder« sind nicht etwa irgendwelche geheimen Formen der »Kraftübertragung«, sondern versuchen mit Worten zu fassen, was Meditierende seit Jahrtausenden in sich erfahren haben und auch heute immer noch beobachten können, wenn sie bereit sind, sich lange genug auf entsprechende Übungen einzulassen.

Da muß zunächst eine besondere Form der *Achtsamkeit*

(*Sati*) gegenwärtig gehalten werden, um in den Übungen fortschreiten zu können. Diese Achtsamkeit ermöglicht die *tiefere Betrachtung* (*Dhammavicaya*) der dhammischen Prozesse des Werdens und Vergehens im allgemeinen und der befreienden Lehre des *Dhamma* im besonderen. Um die Übung kontinuierlich zu pflegen und durchzuhalten, ist eine außerordentliche Portion von *Willens- und Tatkraft* (*Viriya*), der »heldenhafte Einsatz« aller zur Verfügung stehenden Kräfte notwendig. Wurde so während eines *Retreat* etwa drei Tage lang geübt (um nicht zu sagen »gekämpft«), beginnt am vierten Tag *Freude* (*Piti*) aufzusteigen über die erreichte Achtsamkeit, die damit gepflegte Lehrergründung und die dafür mobilisierten Kräfte.

In den folgenden drei Tagen können dann die Früchte meditativer (Schwerst-)Arbeit betrachtet werden: eine zunehmende *Gestilltheit* (*Passaddhi*) und Beruhigung des Geistes tritt ein, die innere *Sammlung* (*Samadhi*) wird stärker und mündet schließlich in einen befreiten *Gleichmut* (*Upekkha*), der es erlaubt, mit neuer Wachheit »vom Berg zurück« in die Welt der Leiden schaffenden Täuschungen zu gehen.

Am Ende eines sehr langen und intensiven Gesprächs hat mir Roshi Gesshin Prabhasa Dharma diese besonderen Früchte längerer meditativer Übungen einmal so zu vermitteln versucht[6]:

Es ist alles verschwunden, und man erkennt: Du bist hier in der Welt. Er oder sie ist ein Mensch in der Welt, aber nicht unbedingt ein Mönch oder Priester oder Zen-Meister. Das sind dann die Bäcker, die Ärzte, die Rechtsanwälte, Straßenarbeiter – sie tragen kein Schild auf ihrer Jacke: »Ich bin ein Erleuchteter« oder »Ich bin Zen-Mönch.« Wir haben in Amerika schon sehr viele solcher Menschen, die das durchgemacht haben und wieder aufgehen in der Gesellschaft. Die sagen nicht, wir sind Buddhisten, die machen keine Organisation. Und das ist der wahre Buddhismus; nicht in einem abgegrenzten Zentrum zu leben, sondern das Zentrum nur als eine vorübergehende Methode zu sehen und als eine Zuflucht zu haben, in der man zur Ruhe und zur Einsicht kommen kann. Aber alle, die daraus hervorgehen, müssen, wenn sie wahre Buddhisten geworden sind, als wahre Menschen in der menschlichen Welt wieder untertauchen, ohne das Schild »Buddhist« zu tragen.

Doch endet die vierte Übung der Betrachtung der Geistobjekte noch nicht mit solch einsichtsvoller Pflege von inneren Kräften und Gestimmtheiten, die umgangssprachlich als »Erleuchtungsglieder« bezeichnet werden. Vielmehr soll der entdunkelte Geist sich nun vollends und frei von allen überlagernden Nebengeräuschen des »Nach«denkens und »Voraus«planens den vier Grundwahrheiten zuwenden.

Entsprechend ist der letzte Teil der längeren Lehrrede über die Grundlagen der Achtsamkeit eine ausführliche Darlegung der Vier Edlen Wahrheiten: Die Grundbefindlichkeit des Ungenügens (*Dukkha*), seine Ursache, deren Aufhebung und die Anweisung dazu werden »rekapituliert« – ein Wort, das sehr genau signalisiert, worum es in diesem Stadium erreichter Achtsamkeit gerade nicht (mehr) gehen soll:

Die befreienden Lehren des *Dhamma* sowie die emanzipatorischen Handlungsanweisungen des *Magga* sollen nicht »Kapitel um Kapitel wiederholt«, sondern in ganzheitlich-wortlosen Annäherungsversuchen an den Vollerwachten ist selber zu verwirklichen, was der *Tathagata* im Zustand der *Bodhi* als Befreiungserlebnis erkannt und dann mehr als vier Jahrzehnte lang weiter vermittelt hat. »Reiner Anfängergeist« ist nicht an Rosenapfelbäume gebunden (vgl. Seite 21), sondern immer vorhanden und kann auch im Dickicht der Städte wiederentdeckt und freigelegt werden.

Durch die Verinnerlichung der vierten Grundwahrheit wird der Meditierende so mit neuer Gestimmtheit auf seinen »eigenen Weg« gebracht und erreicht schließlich dessen achte Markierung, die *rechte Sammlung*.

Was nun ist rechte Sammlung?
Da weilt der Übende, abgeschieden von den Sinnendingen, abgeschieden von den unheilsamen Geisteszuständen, im Gewinne der »von Gedankenfassen und Überlegen begleiteten, durch Abgeschiedenheit gezeugten, von Verzückung und Glück erfüllten« *ersten Vertiefung*.
Nach Stillung von Gedankenfassen und Überlegen aber gewinnt er den inneren Frieden und die Einheit des Geistes, die »von Gedankenfassen und Überlegen freie, durch Sammlung gezeugte und von Verzückung und Glücksgefühl erfüllte« *zweite Vertiefung*.
Nach Abwendung von der Verzückung aber verweilt er gleichmütig, achtsam, klar bewußt, und »er empfindet in seinem Inneren ein Glück«, von dem die Edlen sagen: Glücklich weilt der Gleichmütige, Achtsame; und so gewinnt er die *dritte Vertiefung*.
Nach Überwindung von Wohl- und Wehegefühl und zufolge des schon früher erreichten Schwindens von Frohsinn und Trübsal gewinnt er »den leidlosen, freudlosen, durch Gleichmut und Achtsamkeit geläuterten Zustand« der *vierten Vertiefung*.
Dies gilt als rechte Sammlung.

Was für eine genaue und präzise Beschreibung von Möglichkeiten des »Immer-noch-freier-Werdens« von dualistischen Verspannungen des Wohl und Wehe. Aber was für geheimnisvolle Mauern werden statt dessen um die vier *Jhanas* des *Samma Samadhi* (von uns selbst) errichtet! Es geht dabei eben nicht um schwülstige Auslegungen verquer geratener Vorstellungen von »Überweltlichkeit« und

»Erleuchtung«, sondern um eine ganz nüchterne Beobachtung von Wandlungsprozessen achtsamen Seins, wie sie jeder und jede Übende verwirklichen könnte, wenn er oder sie nicht mit jenseits-fixiertem Blick, sondern offenen Auges zu sehen bereit wäre, was der immer befreitere Fall ist!

Alle vier Stufen der Vertiefung haben »Abscheidung von den Sinnendingen und unheilsamen Geisteszuständen« zur Voraussetzung. Wie dabei vorzugehen ist, lehren die vorhergehenden Markierungen des Weges. Mit anderen Worten: Eine (neue) wissende Gesinnung (1. und 2. Markierung), alltägliche Praxis (3. bis 5. Markierung) und meditative Anstrengungen gehören zusammen und bedingen sich gegenseitig im positiven wie (leider auch) im negativen Sinne. Wer also meint, es sei möglich, ein konZENtriertes Wochenende lang aus dem »business-as-usual« aussteigen zu können, um sich schnell einmal mit kraftvollem *Samadhi* auftanken zu lassen, ist entweder Opfer seines egozentrischen Erfolgsstrebens geworden oder einem der Angebote aufgesessen, mit dem clevere Wegelagerer die immer häufigeren Ausbruchsversuche der Zeitgenossen aus den selbstgeschaffenen Gehäusen der Hörigkeit profitabel zu nutzen verstehen.

Rechte Sammlung ist kein derartiger Eskapismus, sondern bewirkt Zustände vertiefter Einsicht in die Bedingungen des Seins. Die Übenden erfahren dabei zunächst eine neue Ebene gedanklicher Tätigkeiten, die meist mit einem verzückenden Glücksgefühl darüber einhergeht, daß sie die Dinge und deren Veränderungen und die Ursachen davon erkennen können. Einsicht in die Vergänglichkeit auch derartig einsichtsvoller Zuständlichkeiten hilft, diese aufgeweckte Form des Gedankenfassens wieder zu beruhigen und den von besonderen Reflexionen freien, aber immer noch mit starken Glücksgefühlen durchsetzten Sammlungszustand der zweiten Vertiefung zu bewirken. Ist auch diese Belastung durch »verzückende Wohlgefühle« abgelegt worden, dann eben verweilt der Übende »gleichmütig, klar bewußt und achtsam« und empfindet eine Gestilltheit, die sich nach außen nicht mehr recht vermitteln läßt, gleichwohl aber immer noch Empfindungen zur Grundlage hat. Aber auch diese Empfindung eines tiefen »inneren Glücks« der Beruhigung wird abgelegt und mit der vierten Vertiefung ein Zustand des reinen und gleichmütigen Verweilens erreicht, dessen besondere Qualitäten Buddha seinem Schüler Ananda einmal so beschrieben hat (A 3,32):

Der Stillstand aller Gestaltungen, die Loslösung von allen Daseinsgrundlagen, das Versiegen des Begehrens, die Abwendung, Aufhebung, das *Nibbana.*

Nibbana ist daher »an keine Zeit gebunden, bereits zu Lebzeiten erkennbar und dem Weisen verständlich« (A 3,56). Wie aber soll man mit derartigen Möglichkeiten der Gestilltheit weise umgehen?

Exkurs: Vor *Samadhi*-Fallen wird gewarnt!

Die Vertiefungen des *Samma Samadhi* sind nicht das Ziel, sondern eine Frucht des Weges. Ohne die vorherigen Läuterungsübungen der achtsamen Betrachtung des Körpers, der Gefühle, des Geisteszustandes und spezifischer Geistobjekte sind sie nicht recht zu verwirklichen. »To get high into samadhi«, das ist für viele zwar eine Attraktion, die zur Abkehr von psychedelischen Drogen motiviert, doch ist eine zeitweise Bewußtseinsänderung nicht der nachhaltige Sinn der achten Markierung des *Magga.* Entsprechend enttäuscht ziehen viele Sucherinnen und Sucher dann ja auch weiter zu bunteren Plätzen.

Ajahn Chah (1918–1992), ein im Nordosten Thailands praktizierender Waldmönch, dessen knappe und praktische meditative Belehrungen inzwischen weltweite Verbreitung gefunden haben, hat gerade seine vielen westlichen Schüler immer wieder auf die Gefahren eines falsch verstandenen *Samadhi* hingewiesen[7]:

Samadhi kann dem Meditierenden viel Schaden, aber auch großen Nutzen bringen; man kann nicht sagen, daß es nur das eine oder das andere bewirkt. Hat jemand noch keine Weisheit entwickelt, dann ist *Samadhi* schädlich; aber hat einer Weisheit, dann kann es wirklich nützen und zu Einsicht verhelfen.
Am gefährlichsten für den Meditierenden sind die Vertiefungen (*Jhana*), das *Samadhi* mit tiefer und dauerhafter Beruhigung. Diese Art des *Samadhi* gibt großen Frieden; und wo Frieden ist, da ist Glücksgefühl; und wo ein Glücksgefühl ist, steigen Anhaftungen und Begehren nach einem solchen Gefühl auf. Der Meditierende will nichts anderes mehr kontemplieren, er möchte nur noch in diesem angenehmen Gefühl sich ergehen.
Wenn wir lange genug praktiziert haben, dann entwickeln wir die Fähigkeit, *Samadhi* sehr schnell zu verwirklichen. Sobald wir unser Meditationsobjekt gegenwärtig halten, geht der Geist in einen Zustand der Ruhe über, aus dem wir dann nicht mehr auftauchen möchten: Wir bleiben einfach fixiert auf das Wohlgefühl. Das ist eine große Gefahr für alle Meditierenden.

»Ihr mögt euch nun fragen«, heißt es am Ende dieser knappen Ausführungen über die Fallen einer wohlsüchtigen Verarbeitung des *Samadhi*, »wo denn der tatsächliche Nutzen des *Samadhi* liegen mag, wie Weisheit daraus entstehen kann?«

Es gibt zwei Arten des Friedens – eine grobe und eine bereinigte Form. Der Frieden des *Samadhi* ist immer noch

die grobe Form! Wenn der Geist befriedet ist, dann steigt Glücksgefühl auf. Der Geist nimmt dieses Glücksgefühl dann als Frieden.
Doch Glück und Unglück entstehen und vergehen. Es gibt also noch immer keinen Ausweg aus dem *Samsara*, solange wir diesen Zuständen verhaftet sind.
Der Friede, der aus Weisheit aufsteigt, ist kein solches Glücksgefühl, sondern erkennt die wahre Natur von Glück und Unglück. Es gibt dann keine Verhaftungen mehr an diese Zuständlichkeiten, der Geist hat sich darüber erhoben. Das ist das wahre Ziel aller buddhistischen Praxis!

Meinem Verständnis nach hat Ajahn Chah mit seinen Ermahnungen nicht nur auf die Gefahren besonders der zweiten und dritten Stufe der Vertiefungen aufmerksam machen, sondern darüber hinaus auch andeuten wollen, daß wir »selbst« nach dem tiefsten *Samadhi* wieder in die Gegenwart der körperlichen Erfahrungen von Alter, Krankheit und Sterben zurückkehren müssen. Insofern waren die letzten Jahre des Meditationslehrers, die er nach Ausfall zentraler Nervenfunktionen in einem quasi bewußtlosen Zustand verbrachte, eine besonders eindrucksvolle Belehrung für seine Schülerinnen und Schüler, die Vertiefungen weise zu nutzen und nicht auf temporären Glücksgefühlen sitzenzubleiben.

Zusammenfassung: Bedingtes Entstehen von *Dukkha* und der befreiende Weg zu *Sukha*

Gleichwie etwa, Brüder, alles Lebendige, Bewegliche, Fußbegabte in der Elefantenspur mit fortkommt, denn die Elefantenspur ist ja die größte: Ebenso stellt sich alles Gute in den Vier Edlen Wahrheiten ein:

in der Wahrheit vom Leiden, in der Wahrheit von der Leidensentwicklung, in der Wahrheit von der Leidensauflösung, in der Wahrheit von dem zur Leidensauflösung führenden Weg. (M 28)

»Kurz gesagt, die ›fünf Aneignungsgruppen‹ sind leidhaft«, das ist die *Grundthese* (vgl. S. 32 f.) *der ersten Wahrheit.*

Dieses Leid, so die knappe *These der zweiten Wahrheit*, wird durch den Durst (*Tanha*) nach immer noch mehr Wohl ständig neu geschaffen.

Weil derart selbstgeschaffen, ist »Selbst«befreiung vom Leiden durch Überwindung des Durstes möglich, besagt die *dritte Wahrheit.*

Der achtgliederige Pfad bietet das notwendende Wissen, die zugehörigen Praktiken und vertiefenden Methoden an, um den bedingt entstandenen »Durst« derart zu löschen, daß nicht immer wieder neues *Dukkha* gewirkt wird und die befreiende Aussicht auf *Sukha* sich aufzutun beginnt. Das ist die *vierte Wahrheit.*

Wenn auch Worte bestenfalls nur hinweisen können auf das, was der wirkliche Fall ist, mag die zusammenfassende Verbindung von Grundeinsichten des *Dhamma* mit den befreienden Wegweisungen des *Magga* helfen, Möglichkeiten der eigenen Verwirklichung besser abzuschätzen und Ansatzpunkte für die Praxis zu finden. Angeregt wurde die zusammenfassende Übersicht durch die Darstellungen von Lama Anagarika Govinda (Ernst Lothar Hoffmann, 1898–1985) und seine schon Mitte der dreißiger Jahre in Vorlesungen an der Universität Patna (Indien) dazu entwickelten Gedanken[8]:

– *Rechte Erkenntnis* besteht in der *Erkenntnis des Leidens*, seiner Bedingungen und der Möglichkeiten zur Befreiung davon.

– *Rechte Gesinnung* hilft die Schleier täuschender *Unwissenheiten* zu lüften und sich des »Wahn«sinns immer neuer selbstsüchtiger Gestaltungsprozesse bewußt zu werden.
– *Rechte Rede* ist eine praktische Äußerung derart einsetzender Transformationen und hilft, neue Bewußtseinsinhalte zu pflegen.
– *Rechtes Handeln* setzt eine neue Kultivierung des psycho-physischen Zusammenspiels von *Geist und Körper* voraus; es kennt die besondere Bedeutung der *sechs Sinnesbereiche* als Tore der Vermittlung zwischen Innen- und Außenwelten.
– *Rechter Lebenserwerb* bedeutet die achtsame Pflege aller *Berührungen* zwischen »Ich« und »Welt« im Sinne der zunehmenden »Selbst«überwindung.
– *Rechte Anstrengung* ist bemüht, derart heilsame *Empfindungen* des mitweltlichen Gewahrseins zu mehren und die unheilsamen »Gegen«regungen immer wirksamer zu überwinden.
– *Rechte Achtsamkeit* bewacht den »ich«trunkenen *Durst* und seine wohlsüchtigen Tendenzen des *Anhaftens.*
– *Rechte Sammlung* bewirkt die Transformation neuer *Werde-* und Verwirklichungsprozesse, so daß zunehmend heilsamere Handlungssituationen (Gestaltungen) *geboren werden*, die durch zunehmend weniger Unwissenheit konditioniert sind.

Eine immer tiefer reichende rechte Erkenntnis beginnt aufzuscheinen, erste Ansätze zur Überwindung von *Dukkha* werden erkennbar und bewirken nachhaltigere Formen der rechten Gesinnung; die wiederum helfen, die Schleier des »Wahn«sinns weiter zu lüften und »selbst«süchtige Gestaltungsprozesse abzubauen... So eben ist die Aufhebung der ganzen Masse des Leidens möglich, und *Sukha* wird immer deutlicher und dauerhafter erlebbar. »Interesse« ist dann nicht mehr eine aus dem Lateinischen abgeleitete Chiffre zur Begründung von Eigennutz, sondern wird wörtlich wahrgenommen als mitweltliches »Dazwischen-Sein«, eine Lebensform der Anteilnahme und Mitfreude, »selbst«befreit von den Extremen des Alles oder Nichts.

»Leuchten« diese vielen zusammenfassenden Worte »ein«? Dann sollten als letzter Hinweis auf »die Sache an sich« vielleicht doch noch einige Ermahnungen von Ajahn Chah stehen, wie er sie in einem Vortrag vor westlichen Schülern und Schülerinnen 1970 einmal formuliert hat[9]:

Oft kommen Leute zu mir und fragen mich: »Wir haben diesen *Dhamma*-Vortrag gehört, ist dies auch wirklich alles wahr?« Oder: »Soll ich dies tun oder das oder jenes? Oder vielleicht auch nicht?«
Unsere Aufgabe besteht darin, selbst herauszufinden, auf welche Weise wir am besten üben, selber zu erkennen, was richtig ist für uns und Harmonie fördert, was uns zu *Dhamma* führt und was nicht.
Buddha lehrte auf denkbar einfachste Art und Weise. Doch die Menschen haben oft nicht hingehört oder nicht verstanden. Buddhas Lehre ist jene des mittleren Pfades: zu lernen, was es ist, das zur Harmonie in unserem Leben führt und uns mit *Dhamma* in Einklang bringt. Der mittlere Pfad bedeutet, sich unter keinen Umständen in einem der Extreme festzufahren.
Buddha ist ständig anwesend, um uns zu lehren; wenn wir das nur zu verstehen wüßten! Da ist Glück, und da ist Unglück; da ist Vergnügen, und da ist Schmerz. Wenn ihr Natur und Beschaffenheit von Vergnügen und Schmerz versteht, dann seht ihr Buddha, dann seht ihr *Dhamma*. Wenn wir dies erkennen, dann ist jeder Augenblick unserer Erfahrung *Dhamma* – angenehm oder unangenehm, beides ist Buddha, wenn wir es klar sehen können.

Sangha – die stützende Weggemeinschaft

Ihr Mönche: Geht jeder seinen eigenen Weg zum Segen und Glück für die vielen, aus Mitleid mit der Welt. Geht nicht zu zweit den gleichen Weg und lehret die Lehre, deren Anfang, Mitte und Ende gut ist. Seid ein Beispiel für den vollständig reinen Wandel!
Es gibt Wesen, deren Augen kaum mit Staub bedeckt sind. Wenn sie die Lehre hören, dann werden sie zur Befreiung gelangen. (Mv. 1.11.1)

Buddha hatte die gemeinsam im Gazellenhain von Isipatana verbrachte Regenzeit genutzt, um seinen fünf Mitasketen das *Dhamma* und seine Bedingungsgesetze so intensiv darzulegen, daß er sie nach dem Monsun mit dem Auftrag entlassen konnte, »aus Mitleid mit der Welt« seine Lehre verbreiten zu helfen und dabei all den Menschen, deren Augen nur von wenig Staub verdunkelt seien, ein lebendes Beispiel der Befreiung zu geben.

Mit den Worten: »Komm, gut erklärt ist die Lehre, führe ein Leben in Reinheit, um des Leidens Ende zu verwirklichen!« hatte er Kondanna als ersten Mönch angenommen. Ihm war schon beim Andrehen des Rades der befreiende Durchbruch gelungen. Mit dem Ausruf: »Was immer dem Gesetz des Entstehens unterworfen ist, das ist auch dem Gesetz des Vergehens unterworfen«, faßte er die Quintessenz dessen zusammen, was der Erwachte ihnen erstmals vortrug (vgl. Seite 34). Bald darauf erkannten Bhaddiya und Vappa ebenfalls die Wahrheiten des *Dhamma* und wenig später dann auch Mahanama und Assaji. Damit war die erste Aufgabe gelöst, die sich Siddhatta Gotamo nach seinem Erwachen gestellt hatte.

Die fünf Asketen hatten den aus eigener Kraft entdeckten Weg zur Befreiung und seine acht Markierungen verstanden und ihm nachgehen können. Mehr noch, sie konnten bald selber schon derart anziehend davon sprechen und Zeugnis geben, daß sie mit neuen Schülern von ihren Lehr- und Bettelgängen in den Wildpark zurückkehrten. Daraufhin gab Buddha die Erlaubnis, daß auch unabhängig von ihm neue Mitglieder in die schnell wachsende »Bettlerschar« (*Bhikkhu-Sangha*) aufgenommen werden durften:

Ich erlaube euch, daß ihr zum Auszug in die Hauslosigkeit all jenen verhelft, die darum bitten. Und so ist dabei vorzugehen: Nachdem der Aufzunehmende zuerst veranlaßt worden ist, sich Haar und Bart zu scheren, die gelben Gewänder anzulegen und das Obergewand über der linken Schulter zu raffen und nachdem er dann die Füße des Mönchs berührt, sich niedergehockt und ihm mit aneinandergelegten Handflächen Ehrerbietung bezeugt hat, soll er nachsprechen:

»Ich nehme meine Zuflucht zum Buddha,
ich nehme meine Zuflucht zum *Dhamma*,
ich nehme meine Zuflucht zur *Sangha.*«

Dies soll er dann noch ein zweites und drittes Mal sagen. Durch die *dreifache Zuflucht* ist der Auszug in die Hauslosigkeit vorzunehmen. (Mv. 1,12,3–4)

Diese sehr einfache Form der Aufnahme in die *Sangha* wurde später differenziert und in zwei Stufen unterteilt: Erst auf das unter Umständen mehrjährige Noviziat mit dafür verbindlichen zehn Übungsregeln folgte die eigentliche Ordination, bei der zehn *Theras* (»Ältere«) anwesend sein mußten – *Bhikkhus*, die schon seit mehr als »zehn Regenzeiten« Mitglieder der *Sangha* waren.

Ihnen wurde der Ordinationsanwärter von seinem Betreuer vorgestellt und mußte öffentlich bestätigen, daß er frei von ansteckenden Krankheiten und kein leibeigener Sklave sei, keine Schulden habe, sich nicht unerlaubt aus dem Staatsdienst entfernt habe und mindestens zwanzig Jahre alt sei. Wurde gegen den dreimaligen Antrag seines Betreuers, diesen so bekannt gemachten Novizen als Vollmitglied der *Sangha* aufzunehmen, kein Widerspruch von seiten der *Theras* erhoben, war seine Aufnahme als Vollmönch vollzogen. Für den neuen *Bhikkhu* galten jetzt alle 227 Regeln des »ordentlichen Verhaltens«, wie sie Buddha in Reaktion auf die vielfältigen Fehlhandlungen und Unerzogenheiten gerade jüngerer Ordensmitglieder nach und nach hatte erlassen müssen.

Alle vierzehn Tage kamen die *Bhikkhus* einer Region zusammen, um sich gegenseitig der Regeln zu vergewissern und etwaige Abweichungen zu bekennen. Im Detail war dabei den Anweisungen des Buddha gemäß folgendermaßen zu verfahren:

Die Versammlung soll von einem erfahrenen *Bhikkhu* geleitet werden, der zu Beginn sagt: »Heute ist Halbmond-Tag und daher Anlaß zur Selbstreinigung (*Uposatha*). Was ist der *Sangha* erste Pflicht? Sie muß feststellen, daß die Versammlung auch wirklich rein ist.
Alle Anwesenden mögen mir aufmerksam zuhören. Sollte jemand einen Verstoß begangen haben, soll er das bekennen. Wer keinen Verstoß begangen hat, der möge schweigen. Aus dem Schweigen werde ich erkennen, daß die Ehrwürdigen rein sind.
Wer es versäumt, einen Verstoß zu bekennen, ist der vorsätzlichen Lüge schuldig. Vorsätzliches Lügen aber ist ein die Erlösung verhindernder Faktor. Wer also eines Verstoßes schuldig ist und sich reinigen will, der soll sich offenbaren. (Mv. 2,3,3)

Diese Praxis der alle vierzehn Tage stattfindenden, freiwilligen Selbstkontrolle hat sich bis auf den heutigen Tag erhalten; und auch die vom Buddha wenige Wochen vor seinem Verlöschen aufgestellten Grundsätze (D 16) für das Gedeihen der *Sangha* gelten heute noch als Richtschnur:

Sieben Dinge will ich euch mitteilen, merkt sie euch gut! So lange wie die *Bhikkhus* häufig zusammenkommen (1), die Angelegenheiten der *Sangha* einträchtig regeln (2), sich an die bewährte Satzung halten (3), die Ordensälteren wertschätzen (4), dem Werdeprozesse zeugenden Durst widerstehen (5), mit einfachen Waldlagern zufrieden sind (6) und die Übungen einsichtsvoller Sammlung (7) praktizieren; so lange wie diese sieben Grundsätze beachtet werden, ist ein Wachsen und Gedeihen der *Sangha*, nicht aber ihr Niedergang zu erwarten.

Tatsächlich wuchs die *Sangha* sehr schnell. Staatliche Anerkennung durch mehrere einflußreiche Könige und Großfürsten der Region; großzügige finanzielle Unterstützung durch reiche Kaufleute, freischaffende Ärzte und auch von berühmten Kurtisanen, öffentliche Zufluchtnahme bekannter und geachteter Lehrer anderer Schulrichtungen zu Buddha, *Dhamma* und *Sangha* – dies alles bewirkte eine sich schnell ausbreitende Atmosphäre des Wohlwollens. Die breite Zustimmung war ganz gewiß aber auch durch den Protest gegen die immer aufwendigeren Opferrituale und das Heilsmonopol der Brahmanen mitbedingt. Wie auch immer:

Die besondere Überzeugungskraft des Lehrers, seiner befreienden Lehre und der heiter-genügsamen Gefolgschaft der *Sangha* bewirkten, daß schließlich auch ein Nonnenorden gestiftet wurde. Anläßlich eines kurzen Aufenthaltes in seiner Heimatstadt Kapilavatthu bat Mahapajapati, die ehemalige Pflegemutter des Prinzen

Siddhatta, daß der Erhabene auch Frauen den Auszug in die Hauslosigkeit ermöglichen möge. Buddha stimmte dieser Bitte erst nach Vermittlung durch Ananda zu, der ihn um Mitgefühl für die kleine Schar kahlgeschorener älterer Frauen bat, die »aus eigener Kraft« fahle Gewänder angelegt hatten und der *Sangha* bis in die Nachbarschaft nachgefolgt waren:

Wären Frauen, die dem *Dhamma* folgen und in die Hauslosigkeit ziehen, ebenfalls in der Lage, die Befreiung zu verwirklichen?
So ist es, Ananda.
Da sie dazu imstande sind und da Mahapajapati dem Erhabenen von so großem Nutzen war – sowohl als Tante wie auch als Pflegemutter und Amme: Wäre es da nicht angebracht, daß auch Frauen im Namen des *Dhamma* und gemäß der Ordensdisziplin in die Hauslosigkeit ziehen könnten?
Wenn Mahapajapati verspricht, acht zusätzliche Regeln einzuhalten, dann möge dies als ihre Ordination gelten. (Cv. 10.1,3–4)

Was die Gründe für die ablehnende Haltung des Buddha gegen die Einrichtung eines Nonnenordens gewesen sind, geht aus den klassischen Texten nicht hervor. Überliefert wird nur, daß er die zusätzlichen acht, die Nonnen den Mönchen unterordnenden Regeln als eine Art Damm verstanden habe, damit die so erweiterte *Sangha* zusätzlich befestigt sei und noch lange Bestand haben möge. Welche ganz besonderen Kräfte des Verlangens und Begehrens zwischen den Geschlechtern wirken, das hatte der Prinz im Palast schließlich lange und gründlich genug ausgekostet, um rückblickend einmal sagen zu können (A 1,1):
Bhikkhus: Keine andere Gestalt, keine andere Stimme, keinen anderen Duft, keinen anderen Geschmack, keine ande-

re Berührung kenne ich, die den Geist des Mannes so sehr fesselt wie Gestalt, Stimme, Duft, Geschmack und Berührung der Frau.
Bhikkhus: Keine andere Gestalt, keine andere Stimme, keinen anderen Duft, keinen anderen Geschmack, keine andere Berührung kenne ich, die den Geist der Frau so sehr fesselt wie Gestalt, Stimme, Duft, Geschmack und Berührung des Mannes.

Immer wieder wurde den oft noch recht jungen *Bhikkhus* eingeschärft, wachsam zu sein und sich beim Bettelgang nicht von Begierden überrumpeln zu lassen wie eine unvorsichtige Maus, die der Hunger geradewegs in die Pfoten der Katze treibt (S20,10):

Bhikkhus: Einstmals saß eine Katze an einer Senkgrube, wo sich die Abzugskanäle zweier Häuser trafen, und lauerte einer Maus auf: »Wenn diese kleine Maus ihres Futters wegen herauskommt, dann werde ich sie packen und verzehren.«
Als die Maus dann des Futters wegen hervorkam, da packte die Katze sie und verschlang sie; selbst die Eingeweide und den Magen fraß sie auf.
Ebenso auch *Bhikkhus:* Da hat sich ein Mönch am Morgen angekleidet, Gewand und Schale genommen und geht in ein Dorf um Almosenspeise – mit unbewachtem Körper, unbewachter Rede, unbewachtem Geist, ohne die Achtsamkeit gegenwärtig zu halten.
Dort sieht er eine spärlich bekleidete, spärlich verhüllte Frau, und Gier verdirbt sein Herz: Gierverdorbenen Herzens erleidet er Tod oder tödliche Schmerzen.
Denn als Tod gilt es nach den Regeln der *Sangha*, wenn einer die Ordensregeln aufgibt und sich wieder dem Weltleben zuwendet; und als tödlicher Schmerz gilt, wenn jemand ein befleckendes Vergehen begeht, für das eine Buße vorgeschrieben ist.

Daher sollt ihr euch immer wieder üben: »Nur mit bewachtem Körper, mit bewachter Rede und bewachtem Geiste, die Achtsamkeit gegenwärtig haltend, mit gezügelten Sinnen, wollen wir ins Dorf um Almosen gehen.«
So sollt ihr euch üben, *Bhikkhus*!

Man muß kein Zeitgenosse des Erwachten gewesen sein, um seine realistische Schilderung über das Ende der hungrigen Maus richtig zu begreifen. In weniger entwickelten ländlichen Regionen Indiens tragen Frauen auch heute noch keine Oberbekleidung, verhüllt einzig der mehr oder weniger schützend geraffte Sari, was thailändische Mönche als die weichen Hörner Maras bezeichnen, denen wir Männer von frühester Kindheit an lustvoll verhaftet sind. Lebenslänglich?

Buddha zählte einmal die »Spitzen seiner Jüngerschaft« auf (A 1,24) und erwähnte dabei namentlich einundvierzig Mönche, dreizehn Nonnen, elf männliche und zehn weibliche Laien, die nicht nur Befreiung verwirklicht hätten, sondern überdies auch noch mit ganz besonderen Fähigkeiten begabt seien. Dabei wurden als bemerkenswerte Qualitäten den herausragenden Nonnen Eigenschaften wie »weisheitsmächtig«, »Kennerin der Ordenszucht«, »willensstark«, »schnell auffassend« und »lehrbegabt« zuerkannt – keine geschlechtsspezifischen Merkmale in dem Sinne also, wie wir Nachgeborenen das vielleicht unterstellen würden.

Wie westliche Frauen mit »Diskriminierungen durch die Lehre« heute umgehen, wird Gegenstand eines Kapitels im nächsten Hauptteil sein. Wichtiger für ein Verständnis der frühen *Sangha* ist es, zunächst noch etwas über die besondere Rolle der Laien bei ihrer Unterstützung zu erfahren.

Sangha und Laien

Üppig lebten die Mitglieder der frühen *Sangha* ganz gewiß nicht. Bettelschale, Schermesser, eine Nadel und ein Wasserfilter – diese vierteilige Ausrüstung genügte ihnen zum einfachen Leben; hinzu kamen drei, vorzugsweise aus Restbeständen auf Leichenäckern zusammengestückelte Tücher, um den Leib zu bedecken, und als achtes »Besitzstück« schließlich noch ein Gürtelband, mit dem das Hüfttuch gehalten wurde; Schultertuch und Überrobe komplettierten die Kleidung auf dem Bettelgang, in der Abgeschiedenheit des Rastplatzes mochten Hüft- und Schultertuch genügen.

Nach der morgendlichen Toilette wurde Nahrung erbettelt, die noch vor Tagesmitte verzehrt sein sollte. Danach eine Ruhepause und nach Abklingen der Mittagshitze achtsames Weitergehen, bis ein geeigneter Rastplatz für die Nacht sich anbot. Dort dann, sofern darum gebeten wurde, eine Lehrdarlegung an die Bewohner der angrenzenden Siedlung (vor deren Häusern man am nächsten Vormittag schweigend um Nahrung bat), danach meditative Vergegenwärtigung und schließlich Nachtruhe im Schutz von Bäumen.

In den klassischen »Liedern der Mönche und Nonnen« wird etwas vom ganz besonderen Geist der Befreiung spürbar, den solch ein Leben hervorbringen konnte. Rückerinnernd vergleicht zum Beispiel ein Mönch (Thag. 49) seine früheren Umtriebigkeiten mit der neu gewonnenen Sammlung:

> Wo Lärm und Lärmen wirr ertönt
> von Werkeltag und Werkeldienst,
> da neigt sich nimmer hin das Herz:
> Wo Einheit einigt, ruht es recht!

Welch tiefe Freude über die neu erfahrene Leichtigkeit des Seins wird auch aus dem folgenden Vers (Thag. 104) nachspürbar:

Wie leicht ist, wahrlich, doch mein Leib;
von lichter Freude rüstig froh belebt!
Wie Wolle, die der Wind vom Baume weht,
getragen treibt mein Leib dahin.

Käme ein geschäftiger Alltagsmensch wohl auf den Gedanken, sein Leben mit den wolligen Samen zu vergleichen, die der Wind vom Kapokbaum treibt? Und würde er über all seiner Urlaubslektüre wirklich die Schönheiten eines einfachen Rastplatzes in den Bergen so unvoreingenommen wahrnehmen können wie *Bhikkhu* Vanavaccho (Thag. 113)?

Der stille See im Felsgestein,
der Gemsen Labsal, Affen Lust,
beblüht vom blauen Wasserstern:
Mein Felsenjoch gefällt mir wohl!

Typisch weibliche Rückerinnerungen begegnen uns in den Liedern der Nonnen. *Bhikkhuni* Sangha zum Beispiel (Thig. 18) weiß noch um die Freuden des Hauses, doch hat sie höheres Wohl inzwischen verwirklicht:

Verlassen hab' ich Haus und Hof,
verlassen Kind und Kuh, so lieb,
verlassen Lust, verlassen Haß,
verleugnet, was da Wähnen war:
Getilgt ist endlich aller Durst,
Erloschen bin ich, bin entlebt.

Die typischen Diskriminierungen, damals wie heute, artikuliert Soma (Thig. 60f.) in einem Zwiegespräch mit Mara, dem »Versucher«:

> Was heilig hier der Mann vermag,
> ein Werk zu wirken, schwierig, schwer,
> das bringt ein Weib, zweifingerbreit
> an Weisheit, niemals fertig, nie!

Darauf Soma in vollem Bewußtsein ihrer Fähigkeiten:

> Und bin ich von Geburt ein Weib:
> Was gilt es mir, die mutbegabt
> im Herzen innig Einsicht hegt
> und ganz und gar die Wahrheit weiß?
> Und alle Neigung ist vertilgt,
> und Nacht und Nebel durchgeteilt;
> ich raun' es dir, Verruchter, zu:
> »Zermalmt ist deine Todesmacht!«

Was aber konnten jene tun, die nicht bereit waren, Haus und Hof zu verlassen, um die leidhafte »Todesmacht« immer neuer Werdeprozesse heilsam zu bearbeiten? Das wollte ein Kaufmann wissen, der Buddha nach den Grundlagen der Wohlfahrt (A 8,54) für Laien befragte:

Wir als Hausleute genießen die Sinnenfreuden, und wir wohnen mitten im Gedränge von Frauen und Kindern. Wir brauchen feinstes Sandelholz, verwenden Blumen, Riechstoffe und Salben, benutzen Gold und Silber. Möge uns der Erhabene die Lehre so aufzeigen, daß sie uns zum Wohle gereicht, diesseits und jenseits!

Buddha gibt ihm daraufhin jeweils vier Hinweise für diesseitiges und für jenseitiges Wohlbefinden. *Dem diesseitigen*

Wohl förderlich sind: Fleiß, Wachsamkeit, edler Umgang und maßvolle Lebensweise. Die Erläuterungen dazu zeigen einmal mehr den Realitätssinn des Lehrers auf dem mittleren Weg, der bei jeder Antwort die ganz konkrete Soheit einer Situation bedenkt und entsprechend angemessene Vorschläge machen kann. Über die Bewährung im *Fleiß* zum Beispiel:

Da erwirbt sich jemand durch irgendeine Arbeit seinen Lebensunterhalt, sei es durch Ackerbau, durch Handel oder durch Viehzucht, als ein Bogenschütze oder königlicher Beamter oder durch irgendein Handwerk. Darin aber ist er tüchtig und nicht nachlässig, er versteht sich auf die richtigen Mittel zu handeln und anzuordnen. Das nennt man Bewährung im Fleiß.

Ähnlich präzis sind auch die Hinweise über die *Wachsamkeit.* Die im Schweiße des Angesichts rechtmäßig angesammelten Güter soll man derart wahren und behüten, daß sie nicht von Fürsten und Räubern fortgenommen, von Feuer oder Wasser zerstört oder auch von lieblosen Erben veruntreut werden.

Für die Bewährung im sozialen *Umgang* wird empfohlen, möglichst nur mit Menschen reifen Charakters (seien sie nun jünger oder älter als man selbst) zu verkehren und ihrer Sittlichkeit, ihrer Freigebigkeit und Weisheit vertrauensvoll nachzustreben. Als maßvolle *Lebensweise* schließlich gilt ein Leben, bei dem nicht zu üppig und nicht zu knauserig mit den eigenen Möglichkeiten hausgehalten und vor allem darauf geachtet wird, daß die Ausgaben nicht schneller als die Einnahmen steigen.

Führt jemand bei geringem Einkommen eine üppige Lebensweise, so heißt es, daß er seinen Besitz vergeudet. Führt er aber bei großem Einkommen eine dürftige Lebensweise, so sagt man von ihm, daß er wie ein Hungerleider sterben wird.

Diese vier Bewährungen – Fleiß, Wachsamkeit, heilsamer Umgang mit reifen Menschen, maßvoller Lebensgenuß – gereichen den Laien also zum diesseitigen Wohl; und welche zum jenseitigen? Vertrauen, Sittlichkeit, Freigebigkeit und Weisheit sind zu üben, um *jenseitiges Wohl* zu *bewirken.*

Im *Vertrauen* bewährt sich, wer sich den Vollendeten so vergegenwärtigt:

Dies ist der Erhabene: Er ist ein Heiliger, vollkommen Erwachter, in Wissen und Wandel gleichermaßen bewährt, ein Kenner der Welt, der unübertreffliche Lenker führungsbedürftiger Menschen.

Dem Vertrauen in den Lehrer entspricht als zweite »Bewährung« eine Lebensführung, die fünf Grundlagen der *Sittlichkeit* beachtet: Leben nicht zu zerstören (1), Nichtgegebenes nicht zu nehmen (2), keine unrechten sexuellen Beziehungen einzugehen (3), nicht zu lügen (4) und keine Rauschmittel zu benutzen (5).

Freigebigkeit, das dritte Übungsfeld für jenseitiges Wohlbefinden, bewährt sich durch »Freude am Austeilen von Gaben«, das »Spenden mit offenen Händen« und ein »vom Laster des Geizes freies Herz«. *Weisheit* schließlich ist gleichbedeutend mit zunehmender Einsicht in das bedingte Entstehen und Vergehen und die wissende Praxis um den »Weg zur Leidensvernichtung«.

Dies also waren Buddhas realistische Ratschläge an all jene Menschen, die weiterhin die Sinnenfreuden des Hauslebens genießen wollten, gleichzeitig aber etwas darüber hinaus schauten und fragten, was sie unter ihren »üppigeren« Lebensbedingungen für ein weiterreichendes Wohlbefinden tun könnten.

Detaillierter sind die Anweisungen, die Buddha für den engeren Kreis der eigentlichen Laienanhänger gab. In der Nähe seiner Heimatstadt fragte ihn einmal Mahanama (A 8,25), der für seine Gebefreudigkeit besonders gerühmt wurde:

Ehrwürdiger, inwiefern gilt man als Laienjünger?
Wenn man, Mahanama, zum Erwachten Zuflucht genommen hat, zur Lehre Zuflucht genommen hat und zur Mönchsgemeinde Zuflucht genommen hat, dann gilt man als ein Laienjünger (*Upasaka*).
Und inwiefern ist man als Laienjünger sittenrein?
Wenn der Laienjünger sich des Tötens enthält; wenn er sich davon enthält, Nichtgegebenes zu nehmen; sich vom schlechten Wandel in Sinnenlüsten enthält; sich der Lüge enthält und des Genusses von Rauschmitteln, die Lässigkeit verursachen – insofern, Mahanama, ist ein Laienjünger sittenrein.

Die *dreifache Zufluchtnahme* zu Buddha, *Dhamma* und *Sangha* sowie die öffentliche Versicherung, ihre Lebensführung künftig an den Übungsanweisungen der *fünf Sila* ausrichten zu wollen, markieren noch heute den einfachen Beitritt der Laien zur buddhistischen Weggemeinschaft. Mahanama fragte jedoch noch weiter; er wollte nicht nur wissen, wie er als Laienanhänger ein »sittenreines« Leben führen solle, sondern er wollte über das eigene hinaus auch das Wohl möglichst vieler anderer Menschen unterstützen helfen:

Inwiefern, Ehrwürdiger, wandelt ein Laienanhänger sowohl zum eigenen Heil als auch zum Heil anderer?
Wenn ein Laienanhänger selber Vertrauen, Sittlichkeit und Freigebigkeit besitzt, die Mönche gerne aufsucht, gerne die Gute Lehre hört, die gehörten Lehren behält, den Sinn der

gehörten Lehren erwägt, die Lehre und ihre Auswirkung kennend im Einklang mit der Lehre lebt und wenn er auch die anderen zu all dem anspornt – insofern, Mahanama, wandelt ein Laienanhänger sowohl zum eigenen Heil als auch zum Heil anderer.

Kein »selbst«genügsamer Rückzug in die achtsam gepflegte Idylle eines kleinen Bambusgehölzes also, sondern aktive Anteilnahme am (Un-)Wohl der vielen anderen sollte die Laienanhänger und Laienanhängerinnen kennzeichnen. Anders hätte die *Sangha* sich ja gar nicht so schnell erweitern und das *Dhamma* ausbreiten können. *Bhikkhus* und *Bhikkhunis, Upasakas* und *Upasikas* unterstützten sich wechselseitig. Mönche und Nonnen verkörperten eine befreiende Lebensform, die zur Nachfolge einlud und den *Dhamma* vermitteln half.

Durch ihre Unterstützung (*Dana*) der »vorausgehenden« *Sangha* bezeugten die Laien mitfreudige Anteilnahme an seinem Gedeihen und vergewisserten sich der Tugend der Freigebigkeit.

Dennoch waren die Verhältnisse zwischen *Sangha* und Laien nicht immer so einvernehmlich, wie es die Übungsregeln nahelegten. Nicht alle Familien waren erfreut, wenn der Vater oder ein Sohn, die Mutter oder eine Schwiegertochter »in die Hauslosigkeit« und weiter gingen, als die Angehörigen ihnen zu folgen vermochten.

War die *Sangha* auch bedürfnislos, während der etwa dreimonatigen Regenzeit konnte die tägliche Verköstigung von oft mehreren hundert *Bhikkhus* oder *Bhikkhunis*, die sich auf den Allmendflächen einer Ortschaft einfache Laubhütten gebaut hatten und während des Monsuns »ortsansässig« waren, zum haushälterischen Problem werden. Kam dann womöglich noch ungebührliches Benehmen beim Bettelgang hinzu, dann wird verständlich, warum der Lehrer mit mehr als zweihundert genauen Verhaltensregeln sicherstellen wollte, daß die *Sangha* keinen Grund zur Klage bot und auch, wenn sie in Massen auftrat, immer noch gerne und nachhaltig unterstützt wurde. Traten dennoch Schwierigkeiten und *Konflikte zwischen Sangha und Laien* auf, sollten die folgenden Regeln gelten:

Die Sangha konnte »die Almosenschale umstülpen« (A 8,87), d.h. einen Laienanhänger durch Auslassen beim Bettelgang ächten, wenn er
- Gaben an die Mönche zu verhindern suchte,
- den Mönchen zu schaden trachtete,
- die Mönche am Wohnen hinderte,
- die Mönche beschimpfte und verleumdete,
- die Mönche untereinander entzweite,
- schlecht sprach vom Erwachten, der Lehre und der *Sangha.*

Die Laien konnten ihre Mißachtung kundtun (A 8,88), d.h. in Gegenwart von Mönchen oder Nonnen sitzen bleiben, ihnen nicht ehrerbietig entgegengehen, keine Gaben mehr spenden, wenn diese
- die Einkünfte der Hausleute behinderten,
- darauf aus waren, den Hausleuten zu schaden,
- die Hausleute beschimpften und verleumdeten,
- die Hausleute untereinander entzweiten,
- schlecht sprachen vom Erwachten, von der Lehre und von der *Sangha*,
- an unpassenden Orten gesehen wurden.

Die beiden Negativkataloge deuten an, wie belastet die Verhältnisse zwischen Mönchen und Menschen auch damals schon sein konnten. Je weiter die Lehre sich ausbreitete, desto größer wurden die Reibungsflächen zwischen *Sangha* und Welt. War eine Gemeinschaft von Bettelmönchen und Bettelnonnen da noch die richtige »Organisationsform«? Mußten nicht »festere Strukturen« geschaffen werden, um die Lehren des *Dhamma* dauerhaft zu schützen und sicherzustellen, daß die *Sangha* darüber auch wirklich nur mit einer Stimme sprach? Konnten die vielen Gärten und Haine, die dem Buddha als einfache Herbergen für die Regenzeit angetragen worden waren, denn nicht zu festen Quartieren ausgebaut werden, damit die Mönche und Nonnen dauerhafte und sichere Zufluchtsorte hätten, an denen sich im Alter und bei Krankheit gut ausruhen und neue Kraft für die weitere Pilgerschaft schöpfen ließ?

Gerade weil die *Sangha* so vielfältig unterstützt wurde, ging die weitere Entwicklung genau in diese Richtung. Klösterliche Seßhaftigkeit und die damit einhergehenden Hierarchisierungen und Verpfründungen waren aber ganz gewiß nicht die Merkmale, auf die der Buddha die *Sangha* der Mönche und Nonnen mit seinen letzten Ratschlägen hinweisen wollte.

»Seid euch selbst die Zuflucht« – Letzte Ratschläge des Lehrers

Auch der Körper eines Erwachten unterliegt den Gesetzen der Vergänglichkeit. Fünfundvierzig Jahre lang hatte Buddha über die Wegweisungen des *Magga* seine befreienden Einsichten in die Bedingungsgesetze des Werde-Wandels all jenen zu vermitteln versucht, die ihn darum baten. Fünfundvierzig Jahre als Bettelmönch, von Almosen lebend, im Freien nächtigend und nur während der Monsunzeit »behaust« – auch bei voll entfalteter Achtsamkeit bewirkt ein solches Leben Veränderungen, deren äußere Zeichen mit Gleichmut anzunehmen sind (D 16).

Ich bin fürwahr gebrechlich geworden, Ananda, ein Greis von hohem Alter. Ich habe die ganze Spanne des Lebens durchmessen und bin ein hochbetagter Achtziger geworden. Wie ein alter Karren, der nur noch unter Schwierigkeiten weiterfährt, so bewegt sich auch der Körper des *Tathagata* nur noch unter Schwierigkeiten weiter.

Ananda aber war vor allem erfreut, daß der Lehrer von einer schweren Krankheit wieder genesen war, und berichtete ihm von den Sorgen, die er sich schon gemacht hatte:

Ich sehe, daß der Herr wohlauf ist und daß es ihm wieder bessergeht. Durch die Krankheit des Erhabenen war auch mein Körper gleichsam trunken; ich vermochte die Himmelsrichtungen nicht mehr zu unterscheiden, und selbst die Daseinserscheinungen leuchteten mir nicht mehr ein. Aber der Glaube beruhigte mich: »So lange wird der Meister nicht verlöschen, wie er nicht alle den Mönchsorden betreffenden Angelegenheiten geregelt hat.«

Mit einem gewissen Erstaunen fragt ihn darauf sein Lehrer, was die *Sangha* denn noch erwarte, wurde die Lehre denn nicht immer wieder offen und klar dargelegt? Was also bliebe noch anzuordnen? Vor allem dies:

Seid euch selbst die Zuflucht, Ananda! Nehmt die Lehre als Zuflucht, und sucht nicht anderswo!

Wie aber ist man »sich selbst die Zuflucht« im Sinne des *Dhamma*? Ein Hinweis auf die Grundlagen der Achtsamkeit erinnert Ananda, wie doch über die achtsame Betrachtung des Körpers, der Gefühle, des Denkens und der Geistinhalte der Geist beruhigt und zur befreienden Vergewisserung der Vier Wahrheiten geführt werden könne. Nur die derart bei sich selbst Zuflucht fänden, seien die wahren Schülerinnen und Schüler des Erwachten. Sie würden seine Lehre verwirklichen und dabei »Selbst«befreiung erfahren. Auf dem einfachen Sterbelager zwischen zwei frisch erblühten Sala-Bäumen wenige Tage später an sie daher die Ermahnung: »Dem Wandel unterliegen alle Gestaltungen, bemüht euch also ausdauernd.«

Nach der klassischen Überlieferung im *Maha Parinibbana Sutta* waren dies Buddhas letzte Worte. Im indischen Frühsommer des 483. Jahres vor unserer Zeitrechnung war er in einem Hain am Stadtrand von Kusinara verweht.

Exkurs: Das Gleichnis vom Floß – Nicht ankommen, sondern weitergehen

Bei Sawatti hatte Buddha die ihn begleitenden *Bhikkhus* einmal zusammengerufen, um Arittha, einen ehemaligen Geierjäger, öffentlich zurechtzuweisen. Der hatte nämlich behauptet, die Lehre so verstanden zu haben, daß nicht alle schädigenden Handlungen dem, der sie verübt, unbedingt zum Nachteil gereichen müßten. Buddha wies ihn mit sehr deutlichen Worten gründlich zurecht und erinnerte die Versammlung dann:

Da lernen solche verblendeten Menschen die Lehre in ihrem ganzen Umfang. Aber obzwar sie sich die Lehre derart angeeignet haben, untersuchen sie nicht mit der nötigen Weisheit ihren Sinn. So gewährt ihnen die Lehre keine Einsicht. Sie lernen sie nur um des Vorteils willen, um Reden und Meinungen äußern zu können, aber den tieferen Sinn erfassen sie nicht.
Ihnen gereicht die so falsch angefaßte Lehre lange zum Unheil, lange zum Leiden. Es ist, als wenn ein Mann auf Schlangenfang ginge und eine gewaltige Schlange am Leib oder am Schwanz anpacken würde. Sie würde auf ihn zuschießen, ihn beißen, und er müßte heftige Schmerzen oder gar den Tod erleiden. Und warum? Weil er die Schlange falsch angefaßt hat.

Ebenso, *Bhikkhus*, gibt es auch Toren, denen die Lehre lange zu Unheil und Leiden gereicht.

Bekannter noch als diese Anfangspassagen aus der »Rede über die Schlange« (M 22) wurden die weiterführenden Belehrungen über den instrumentellen »Floß«-Charakter von *Dhamma* und *Magga*. Buddha versuchte den *Bhikkhus* damit deutlich zu machen, daß sie von ihm keine dauerhaften Rastplätze zum schönen Verweilen an jenseitigen Ufern erwarten dürften, sondern aufgefordert seien, immer wieder weiterzugehen und hinter sich zu lassen, was sie als »Heilsgewißheiten« meinten errungen zu haben. Keine »Wahrheit an sich« wird ein für allemal verkündet, sondern ein Weg gewiesen, dessen befreiende Wirkung immer nur beim Gehen erfahren werden kann.

Also: Keine Bootsplätze anlegen und damit das jenseitige Ufer wieder zum gleichermaßen unbefriedigenden Zerrbild des diesseitigen machen. Nicht festhalten wollen, sondern weitergehen und entrinnen.

Einem Floß vergleichbar will ich euch die Lehre erklären, zum Entrinnen tauglich, nicht zum Verweilen:
Nehmen wir an, daß ein Reisender an ein breites Gewässer käme; das diesseitige Ufer ist voller Schrecken und Gefahren, das jenseitige aber gefahrlos und friedlich. Doch gibt es weder eine Brücke noch Schiffe, um hinüber zu kommen. Da sammelt der Mann Stämme, Röhricht, Reisig und Blätter, um sich daraus ein Floß zu bauen; und mit Händen und Füßen paddelnd erreicht er so schließlich das jenseitige Ufer. Gerettet dächte er dann: »Teuer ist mir wahrlich dieses Floß, heil brachte es mich an das gefahrlose und friedliche Ufer. Sollte ich es nicht mitnehmen, wohin es mir beliebt?«
Was meint ihr wohl, *Bhikkhus*, würde dieser Mann das Floß richtig behandeln?
Gewiß nicht, Ehrwürdiger.

Ebenso, *Bhikkhus*, habe ich die Lehre als ein Floß dargestellt, dienlich zum Entrinnen, nicht aber zum Festhalten.

Zwischenbetrachtung: Von Buddha zum »Buddhismus«

Der Lehrer war fortgegangen, was von der feierlichen Verbrennung seines Körpers übrig war, hatte man als Reliquien an einflußreiche Familien der Region verteilt. Wie aber die Lehre aufbewahren und sicherstellen, daß keine Abweichungen oder gar Irrtümer tradiert wurden? In der Rede über »Die Befriedigung« (*Pasadikasutta*, D 29) hatte Buddha eindeutige Anweisungen an die *Sangha* hinterlassen:

Ihr sollt zusammenkommen, euch die Lehre vortragen, nicht darüber streiten, sondern sorgfältig Satz für Satz vergleichen: So mag die reine Lehre noch lange Zeit zum Nutzen und Segen der Vielen fortbestehen.

Grund für eine Festigung des Vertrauens in die rechte Lehre gab es genug. Besonders die jüngeren *Bhikkhus* hatte der jähe Verlust »ihres Meisters« in eine tiefe Krise gestürzt. Mahakassapa, für seine strikte Askese vom Buddha gerühmt, berichtet darüber (Cv 11,1):

Mönche, die noch nicht von Leidenschaften befreit waren, streckten die Arme aus und jammerten. Andere wieder fielen wie zerschmettert zu Boden, drehten sich vor- und rückwärts und klagten: »Zu rasch ist der Erhabene dahingegangen, zu rasch das Auge der Welt erloschen!«
Da sprach ich (Mahakassapa) zu den Mönchen: »Laßt es genug sein, Brüder! Klagt und jammert nicht. Ist denn vom Erhabenen nicht erklärt worden, daß allen uns lieben We-

sen das Dahinschwinden zu eigen ist? Sollte es in diesem Fall etwa anders sein? So etwas gibt es nicht!«

Gefährlicher noch als die fassungslose Trauer der jüngeren Mönche waren die hier und da in der *Sangha* aufkommenden Neigungen zu größerer Bequemlichkeit. Mahakassapa erwähnt in diesem Zusammenhang einen Mönch namens Subhadda, der erst in mittlerem Alter in die Hauslosigkeit gegangen war und jetzt, nach dem Ableben des Buddha, für eine Lockerung der seiner Meinung nach viel zu strikten Verhaltensregeln plädierte (Cv 11.1.1):

Jetzt sind wir von diesem großen Asketen befreit. Fühlten wir uns nicht allzu oft durch seine dauernden Ermahnungen des »tut dies und laßt jenes« belästigt?
Fortan aber werden wir das tun, was wir wünschen, und was wir nicht wünschen, das werden wir nicht tun.

Um derartigen Tendenzen zur bequemen Veralltäglichung der außerordentlichen Maßstäbe und Praktiken der *Sangha* zuvorzukommen, schlug Mahakassapa der »Trauergemeinde« noch in Kusinara vor (Cv 11.1.1):

Wohlan, Brüder, wir wollen die Texte der Lehre und der Ordenszucht zusammenstellen, bevor diejenigen, die eine falsche Lehre und falsche Regeln vertreten, mächtig und die Vertreter der reinen Lehre und Regeln schwach werden.

Die Versammlung einigte sich auf Rajagaha (»es bietet uns reiche Verpflegung und zahlreiche Unterkünfte«); man beschloß, dort während der kommenden Regenmonate zusammenzukommen und sich gegenseitig der Lehre und Ordensregeln so zu vergewissern, wie es der Lehrer empfohlen hatte.

Nur *Arahats* waren teilnahmeberechtigt, befreite Mönche also, die das Heilsziel verwirklicht hatten. An die fünfhundert von ihnen fanden sich ab Mitte Juni bei Rajagaha ein und memorierten mehr als ein halbes Jahr lang Regeln und Lehre. Den Vorsitz dieses *ersten Konzils* in der Geschichte der *Sangha* hatte Mahakassapa. Er befragte zunächst Upali, den herausragenden Kenner der Ordenszucht; danach wurde Ananda von ihm befragt, der von allen Mönchen die meisten Lehrreden direkt vom Lehrer gehört hatte. Das Schweigen der Versammlung zu den Fragen und auf die Antworten der »Experten« galt als Zustimmung.

Wie im Detail vorgegangen wurde, mag der folgende Ausschnitt (Cv 11,1,8) andeuten (auch auf dem 6. Konzil 1952 in Burma wurde so wieder verfahren):

»Bruder Ananda, wo ist die Lehrrede über den Lohn des Bettelmönchdaseins (D 2) gesprochen worden?«
»In Rajagaha, im Mangohain des Jivaka.«
»Mit wem zusammen fand die Unterredung statt?«
»Mit Ajatasattu, dem Sohn einer Vedeha-Frau.«
So fragte der ehrwürdige Mahakassapa den ehrwürdigen Ananda nach den näheren Umständen und auch nach den Personen. Ebenso befragte er ihn nach dem Inhalt, und auf jede Frage gab der ehrwürdige Ananda Antwort.

Auf diese Tradition der mündlichen Überlieferung sind also die Eröffnungsformeln der Lehrreden des klassischen Kanon zurückzuführen, die immer mit »So habe ich gehört« beginnen und zunächst einmal ausführliche Details zu Ort und Zeit, über Beteiligte und besonders merkwürdige Umstände wiedergeben, bevor der eigentliche Inhalt beginnt. Derartige »Ausschmückungen« waren hilfreiche Merksteine beim Memorieren der vielen Lehrreden in der gehobenen Verwaltungs- und Verkehrssprache Pali. Pali war zwar keine volkstümliche Mundart der Region, hatte aber den Vorteil, von allen sozialen Gruppierungen im gesamten damaligen Verbreitungsgebiet des *Dhamma* noch verstanden zu werden und Sanskrit als gehobene Bildungssprache der Brahmanen zu unterlaufen.

Eine Begebenheit am Ende des Konzils macht deutlich, wie wir uns die weitere Entwicklung des *Dhamma* und seine vielfältige Vermittlung über verschiedene Lehrtraditionen vorzustellen haben. Purana, ein angesehener älterer *Bhikkhu*, hatte an den Beratungen nicht teilgenommen und kam am Ende Konzils mit einer großen Schar von Mönchen nach Rajagaha. Dort wurde ihm von den *Arahats* bedeutet, daß sie Lehre und Ordenszucht mit großer Sorgfalt zusammengestellt hätten; er möge sich künftig daran halten. Purana anerkannte daraufhin zwar die Arbeit des Konzils, berief sich gleichzeitig aber auch auf die Authentizität seiner eigenen Hörerschaft, indem er sagte (Cv 11.1.11):

Richtig zusammengestellt wurde von den Ältesten die Lehre und Ordenszucht. Und genauso, wie es von mir aus des Erhabenen eigenem Munde vernommen wurde, ebenso werde ich es im Gedächtnis bewahren.

Es waren bezeichnenderweise keine Differenzen über Lehrinhalte, sondern vor allem unterschiedliche Auffassungen zu zehn Ordensregeln (der Teufel steckt immer im Detail!), die auf dem genau hundert Jahre später einberufenen *zweiten Konzil in Vesali* (knapp 50 km nördlich von Patna) besprochen werden mußten.

Durfte zum Beispiel eigenes Salz benutzt werden? Konnte man auch nach Sonnenhöchststand noch Nahrung zu sich nehmen? Konnte man nochmals ins Dorf auf (womöglich bessere) Nahrung gehen, nachdem man die Almosenschale geleert hat? Konnte man Beschlüsse im Vorgriff auf die spätere Zustimmung einer ordentlichen Versammlung schon umsetzen? Fiel auch Palmwein unter das Verbot berauschender Getränke? War es erlaubt, Gold und Silber anzunehmen?

Das Protokoll über die Entscheidungsfindung der ersten zur Debatte stehenden Regeländerung mag zeigen, wie erfinderisch Not machen kann – sofern gelegentlicher Mangel an Speisesalz als Not empfunden wird (Cv 12,2,8):

Ehrwürdige, ist die Hornsalz-Erlaubnis gültig?
Was ist die Hornsalz-Erlaubnis, Bruder?
Ist es erlaubt, Ehrwürdige, Salz in einem Behälter aus Horn in der Absicht mit sich herumzutragen: »Wenn es etwas Ungesalzenes gibt, werde ich es dazu genießen!«?
Das ist nicht erlaubt, Bruder.
Wo wurde eine solche Absicht zurückgewiesen?
In Savatthi, bei der Aufteilung der Regeln.
Wessen macht man sich schuldig?
Eines Vergehens, das eine Buße erfordert, weil aus Vorrat stammende Speise genossen wurde.
Hören möge mich die ehrwürdige Versammlung: Dieser erste Punkt wird von uns so entschieden, daß diese Sache als Irrlehre, als falsche Ordenszucht und als abweichend von der Lehre des Meisters gilt.

Ähnlich wurden auch alle anderen Ansätze zur »Üppigkeit« wieder zurückgewiesen. Die *Theravadins*, die »Anhänger der Lehre der Alten«, bestätigten Lehre und Regeln so, wie sie hundert Jahre früher von den *Arahats* übereinstimmend erinnert und an die nachfolgenden Generationen von *Bhikkhus* und *Bhikkhunis* mündlich weitergegeben worden waren. Die Reformatoren jedoch behaupteten, die eigentliche Mehrheit von *Sangha* und Laien hinter sich zu haben. Daher nannten sie sich *Mahasanghikas*, »Angehörige der Großen Gemeinde«.

Die weitere Entwicklung war damit vorgezeichnet: Die Masse der spirituell (auch damals nur) durchschnittlich begabten Heilsgänger nahmen das *Dhamma* nicht mehr nur als »Zuflucht« (tauglich zum Entrinnen, nicht aber zum Festhalten), sondern begannen, sich in klösterlichen Anlagen häuslich einzurichten. Viele (zu viele?) Schenkungen an die *Sangha* machten es möglich. Die Laien freute es, *Bhikkhus* und *Bhikkhunis* dauerhaft um sich zu wissen und ihre (Ver)-Dienstleistungen sozusagen abrufbereit zu haben. Der Name des nordindischen Bundesstaates Bihar kennzeichnet noch heute das ehemalige Stammland des *Dhamma* als ein Gebiet der vielen *Viharas* (wörtl. »Aufenthaltsorte«) des Ordens. Doch greifen diese Bemerkungen über die allmähliche Verpfründung der tatsächlichen Entwicklung voraus.

Zunächst einmal beobachten wir eine weitere Ausbreitung der Lehre des Buddha über den ganzen indischen Subkontinent. Maßgeblich gefördert wurde sie vom indischen Großkönig Ashoka, der mehr als dreißig Jahre lang (269–232 v. uns. Zeitr.) einen Großteil Indiens beherrschte und die Lehre durch Propaganda (»Felsenedikte«) und Missionare verbreiten half.

Auf seine Veranlassung kam das *dritte Konzil* von eintausend Mönchen (253 v. uns. Zeitr.) in Patalipura (Patna) zusammen), um Lehre und Ordensregeln erneut zu bestätigen. Sein Sohn Mahinda ging als »Missionar« nach Übersee und brachte das *Dhamma* nach Lanka (Ceylon). Dort wurde der Pali-Kanon dann erstmals auf Palmblättern schriftlich »festgehalten«. Die Blätter wurden an Fäden (*Sutta*) aufgereiht und die so gebundenen Manuskripte in Körben (*Pitaka*) aufbewahrt. Auf diese Weise wurde seit Beginn unserer Zeitrechnung in Form von *Sutta Pitaka(s)* schriftlich verfügbar, was fast fünfhundert Jahre lang durch achtsames Auswendiglernen innerhalb der *Sangha* der *Theravadins* weitergegeben worden war.

Wie viele andere »Schulrichtungen« der Interpretation und Tradition des *Dhamma* gab es außerdem noch? Worin unterschieden sie sich von der Überlieferung der *Theravadins* und ihren »Lehrkörben«? Wie wurde innerhalb der großen indischen Klosteruniversitäten die Lehre philosophisch weiterentwickelt und dabei der Begriff der »Leerheit« derart gefaßt, daß *Nibbana* und *Samsara* als logisch identisch behauptet werden konnten? Wie breitete sich das *Dhamma* nach Westen bis weit über das heutige Afghanistan hinaus aus? Wie gelangte es in den Norden bis nach China? Nach Südosten bis nach Burma, Thailand Indonesien und Vietnam? Nach Nordosten bis in die Mongolei und nach »Fern-Ost« bis nach Korea und Japan?

So faszinierend es auch sein mag, die Entwicklung immer neuer *Dhamma*-Blüten zu betrachten und ihre »differentia specifica« zu notieren: Den Eigentümlichkeiten ihrer überraschenden Vielfalt braucht nicht weiter nachgespürt zu werden. Zum einen gibt es über *Die Welt des Buddhismus* eine vorzügliche Publikation[10], und zum anderen genügt die folgende Merkmalreihe für den Fortgang der Argumentation:

– Im gesamten Verbreitungsgebiet des »Buddhismus« wird nach wie vor *Buddha als oberste Lehrinstanz* anerkannt.
– Im gesamten Verbreitungsgebiet des »Buddhismus« bilden die im *Dhamma* formulierten Grundeinsichten *und* die im *Magga* gewiesenen Orientierungshilfen *immer noch die Basis für die Praxis.*
– In Anpassung an die besonderen Gegebenheiten von Regionen und Kulturen haben sich zwar jeweils besondere Formen der Darstellung und Vermittlung dieses Basiswissens entwickelt, doch sollte die Buntheit und Größe der dabei hervorgebrachten Fahrzeuge nicht darüber hinwegtäuschen, daß sie alle auf dem gleichen Chassis basieren.

– Die Organisation der »Buddhistischen Gemeinde« ist allenthalben differenziert in einen inneren Kreis der *Sangha* im engeren und einen äußeren der unterstützenden Laien im weiteren Sinne.
Die Tradition der *Bhikkhuni-Sangha* ist in den Ländern des Theravada-Buddhismus ausgestorben, sie wurde in der tibetischen Schulrichtung nicht gestiftet und hat sich auch im Mahayana nur partiell (auf Taiwan) erhalten.
– Weltliche *Herrschaft und Sangha* blieben in allen Ländern des Buddhismus formell *getrennt*, wenngleich die Unterstützung der »Weltüberwinder« fast immer als eine der vornehmsten Aufgaben der »Welteroberer« galt und zur Legitimation ihrer Herrschaft diente.
Einzig in Tibet kam es zu einer theokratischen Sonderform der Verbindung von weltlicher Macht und geistiger Führung und Beratung.
– In allen Ländern des Buddhismus ist die *Sangha seßhaft*. Aus einer frugalen Übungspraxis von Bettelmönchen, nur während des Monsuns in einfachen Unterkünften saisonal ansässig, wurde eine klösterliche Lebensform mit unterschiedlichen Ausprägungen von Wohlleben, Üppigkeit und routiniertem »Heilsbetrieb«.
Gerade deswegen (?) sind jedoch in allen Ländern des Buddhismus die wenigen Beispiele strikter Praxis als Wald- und Bettelmönch hoch angesehen (und führen meist sehr schnell zur neuerlichen »Überförderung« des »Heiligen«).
– Im Zuge der *Anpassung an die alltäglichen Heilsbedürfnisse* der Massen entstanden in allen Ländern des Buddhismus *Opferkulte.* Die ortsansässigen Gottheiten und Dämonen wurden so integriert, blieben allerdings immer auf den »Vorhof« der reinen Lehre verwiesen. Die Buddha-Halle als baulicher Kern buddhistischer Anlagen symbolisiert mit ihrer schlichten Reinheit noch immer das oberste Prinzip der Zuflucht.

– Vielfältig wie die äußeren Gestaltungen scheinen auch die *vielen Wege der inneren Praxis*, die sich bei Ausbreitung des Buddhismus in Anpassung an jeweils dominante Wesensmerkmale einer Kultur ausgebildet haben. Dennoch *gehen* sie *alle zurück auf die vier Grundübungen* des achtsamen Verweilens beim Körper, bei den Gefühlen, beim Denken und bei den Geistesinhalten.
Ob Atembetrachtung oder Gehmeditation, ob Koan oder Mantra, ob Gefühlsbetrachtung oder Schaubildentfaltung: Alles sind geschickte Mittel, die sich in mehr als zweitausendjähriger Praxis zur Beruhigung, Läuterung und transformierenden Befreiung des Geistes bewährt haben.
– *Erstmals* in der Entwicklungsgeschichte des Buddhismus sind *alle Schulen und Richtungen in einem Land vertreten:*
Westliche Sucherinnen und Sucher müssen sich heute nicht mehr in Tibet einschleichen, um Eintrittserlaubnis in ein Zen-Kloster nachsuchen oder das Wohlwollen eines thailändischen Waldmönchs erringen. So förderlich Hindernisse auf dem weiten Weg für Pilger auch sein mögen: Jeder Mann und jede Frau (!) kann heute im eigenen Land mit den eigenen Augen sehen und den eigenen Ohren hören, um zu prüfen, welche Tradition und welche der vielen »geschickten Mittel« ihm/ihr zum Fortkommen auf dem Weg besonders förderlich sind.

Was für eine Chance!

Teil II

Buddhismus im Westen

Aber wahrlich, wenn mich ein Hochasiate früge, was Europa sei, so müßte ich antworten:
Es ist der Welttheil, der gänzlich von dem unerhörten und unglaublichen Wahn besessen ist, daß die Geburt des Menschen sein absoluter Anfang und er aus dem Nichts hervorgegangen sei.[11]

In den »Lebensbildern« der Gründergeneration des Buddhismus im deutschsprachigen Bereich fällt auf, daß sie mehrheitlich durch Arthur Schopenhauer (1788–1860) und seine philosophischen Studien über *die Welt als Wille und Vorstellung* (1819) zum Buddhismus fanden. Sein frühes Hauptwerk, das er noch ganz ohne Kenntnis buddhistischer Originaltexte hatte verfassen müssen, verstand Schopenhauer später als eine westliche Fortführung von Grundeinsichten buddhistischer Philosophie und Wirklichkeitsdeutung.

Von seinen (zu Lebzeiten nicht zahlreichen) Anhängern und sich sprach Schopenhauer gerne als »wir Buddhaisten«. Über Freunde aus Paris erwarb er eine große Buddhastatue, die er mit einem neuen Goldüberzug versehen ließ und dazu seinem Freund Julius Frauenstädt schrieb[12]:

Kriegt eine Konsole in der Ecke meines Wohnzimmers: da werden die Besucher, die ohnehin meist mit heiligem Schauer und konsiderablen Manschetten eintreten, gleich merken, wo sie sind, in diesen heiligen Hallen. Käme doch

der Herr Pastor Kalb aus Sachsenhausen, der von der Kanzel gekeucht hat, »daß gar der Buddhaismus eingeführt werde in christlichen Landen«.
Glück und Gesundheit!

Frankfurt a. M. Arthur Schopenhauer
den 7. April 1856

Frühe Warnungen von vereinzelten Kanzeln hatten offenbar nicht viel bewirkt. Jedenfalls sah sich vierzig Jahre später Kaiser Wilhelm II. veranlaßt, höchstpersönlich auf die Gefahr hinzuweisen, die da von Osten auf Europa zukam. Robert Falke, Divisionspfarrer in Potsdam, erläuterte dazu[13] in einem Vortrag vor dem »Berliner Zweigverein des Evangelischen Bundes«:

Vor einigen Jahren entwarf unser Kaiser eine bekannte Zeichnung mit der Unterschrift: »Völker Europas, wahrt eure heiligsten Güter.« Auf diesem Bild standen die allegorischen Gestalten der europäischen Kulturvölker, kampfbereit gegen die heranstürmenden Scharen des Antichrists, welcher, umhüllt von dunklem Gewölk und vom Rauch brennender Städte, die Gestalt Buddhas trug. Wer das Bild vor drei Jahren nicht verstand, wird heute (1898) angesichts des jetzt mit Kraft gegen das Christentum anstürmenden Buddhismus die Warnung unseres klar und weit in die Zukunft blickenden Herrschers begreifen müssen.

Wie schnell hat sich die Situation in nur vier Generationen verändert, wie wandelbar sind doch alle Erscheinungen! Und welche besonderen Kräfte der Anziehung müssen die Gründergeneration[14] des Buddhismus beeinflußt haben, daß sie den Hinweisen Schopenhauers nicht nur in den kleinen Zirkeln literarischer Salons weiter nachging, sondern sich gegen die herrschende Meinung für die Verbreitung des Dhamma einsetzte:

– Dr. med. *Paul Dahlke* (1865 Osterode/Ostpreußen – 1928 Berlin) stiftete aus eigenem Vermögen das »Buddhistische Haus« in Berlin-Frohnau, das heute noch immer ein wichtiges Begegnungszentrum für die verschiedenen buddhistischen Gruppen in Berlin ist.
– Landgerichtsrat *Georg Grimm* (1868 Rollhofen/Nürnberg – 1945 Utting/Ammersee) gründete die »Altbuddhistische Gemeinde«, die ebenfalls noch heute besteht. Seine Richterkollegen verabschiedeten sich von ihm mit einem Kranz: »Dem mildesten Richter Bayerns.«
– Dr. phil. *Karl Eugen Neumann* (1865 Wien – 1915 Wien) übersetzte unter Einsatz seiner ganzen Existenz die Hauptwerke des Pali-Kanon ins Deutsche und vermittelte so schon sehr früh den direkten Zugang zum Dhamma. An seinem 50. Geburtstag erlag er einer Lungenentzündung. Die breite Rezeption seiner tief-nachempfindenden Übersetzungsarbeiten konnte er nicht mehr erleben.
– Der Ingenieur *Max Ladner* (1889 Brixen – 1963 Zürich) redigierte nach dem Zweiten Weltkrieg die in der Schweiz erscheinende Zeitschrift *Die Einsicht*, die wesentlich zur Neukonsolidierung der buddhistischen Bewegung nach den Verwerfungen während der NS-Zeit beitrug. Über sie konnten sich die »Emigranten« Nyanatiloka, Lama Govinda und Nyanaponika an ihre Herkunftsregion »rückvermitteln«, wo nach 1945 noch eine weit größere Aufnahmebereitschaft für den Buddhismus bestand als nach dem Zusammenbruch von 1918.

Island Hermitage – Die erste Insel der Zufluchtnahme und ihre Wirkungen

An der Südwestküste Sri Lankas, gute fünf Kilometer südlich vom bekannten Badeort Hikkaduwa, liegt das kleine Dorf Dodanduwa. Personenzüge, die hier halten, werden nur von einheimischen Berufspendlern benutzt, um nach Galle oder auch in die Gegenrichtung ins entferntere Colombo zu fahren. Im Bazar entlang der engen Hauptverkehrsstraße riecht es nach Trockenfisch und kräftigen Gewürzen, für die schnellen Busse der Touristen kein Anlaß zum Halt. Weder locken bunte Batikläden, noch haben Maskenschnitzer oder Souvenirhändler wohlfeile Produkte ausgestellt, und einen sonderlich bemerkenswerten Tempel gibt es scheinbar auch nicht.

Keine fünfhundert Meter landeinwärts vom Bazar stößt man auf den Ratgama-See, eine langgestreckte Lagune. In deren Mitte liegt Polgasduwa, die »Kokosinsel«, die mit der benachbarten kleineren »Lehminsel« (Mätiduwa) vor gut vierzig Jahren durch einen Knüppelholzdamm verbunden wurde, in dessen Unterbau große Leguane bei niedrigem Wasserstand gerne verweilen.

Auf der Kokosinsel gründete *Nyanatiloka*, ein »Kenner« (*nyana*) der »drei Welten« (*ti-loka*), am 9. Juli 1911 ein buddhistisches Kloster für Europäer. Seine *Island Hermitage* wurde künftig und ist bis heute ein vielbesuchter Zufluchtsort für die wachsende Zahl derer, die sich mit buddhistischer Lehre nicht nur intellektuell auseinandersetzen, sondern ihre befreiende Wirkung auch in längeren meditativen Übungen erfahren wollen.

Nyanatiloka kam am 19. Februar 1878 in Wiesbaden als Anton Walter Florus Gueth auf diese Welt, sein Vater war Direktor am dortigen Realgymnasium. Nach dem Abitur studierte er Musik und besuchte von 1898 bis 1902 die Konservatorien in Frankfurt und Paris. Als Konzertgeiger verdiente er sich dann das Geld, um über Saloniki und Kairo nach Indien, dem Geburtsland Buddhas, zu gelangen. Dessen Lehre hatte er sich nach gründlichem Studium der Werke Schopenhauers zugewandt.

Von Indien, wo er nur noch wenige gleichgesinnte Anhänger des Erwachten hatte finden können, fuhr Anton

Gueth im Juli 1903 nach Colombo und erfuhr dort von dem englischen Aristokraten Gordon Douglas, der um die Jahrhundertwende unter dem Namen Asoka zum Mönch geweiht worden und einige Jahre später in Akyab (Burma) gestorben war. Im Dezember 1901 war dann der schottische Chemiker Allan Bennet McGregor (1872–1923) in den burmesischen Sangha eingetreten und hatte am 21. 5. 1902 die volle Mönchsweihe unter dem Namen Ananda Metteya erhalten; er gründete am 15. März 1903 in Rangoon die *International Buddhist Society.* Auf diese Nachrichten hin reiste Anton Gueth von Colombo weiter nach Burma und trat als erster Deutscher in einen buddhistischen Orden ein. Im September 1903 wurde er Novize und im Februar 1904 Mönch.

Auf die weitere, bewegte Lebensgeschichte des ehrwürdigen Nyanatiloka und seine schier unglaubliche Arbeit als Herausgeber und Übersetzer klassischer Texte auch während Zeiten der Internierung im Ersten und Zweiten Weltkrieg soll hier nicht weiter eingegangen werden. Nur so viel: Auf Fürsprache des ceylonesischen Ministerpräsidenten Senanayake konnte er im Herbst 1946 mit seinen Schülern aus dem britischen Internierungslager Dehra-Dun (Nordindien) nach Ceylon auf die Island Hermitage zurückkehren. Er wurde 1948 Staatsbürger des unabhängig gewordenen Sri Lanka und übersiedelte 1952 in das klimatisch günstigere Hochland von Kandy, wo ihm im ehemaligen Königsforst die kleine *Forest Hermitage* zur Verfügung gestellt wurde.

Er starb am 28. Mai 1957, sein Leichnam wurde am 2. Juni in Colombo auf dem Unabhängigkeitsplatz in einem feierlichen Staatsakt verbrannt und die Urne wenige Tage später auf Polgasduwa in einem kleinen Hain hinter seinem ehemaligen Haus beigesetzt. Der Gedenkstein, den ihm Anhänger dort setzen ließen, trägt die Aufschrift:

Zum Gedächtnis an den Ehrwürdigen
Nyanatiloka Mahathera
»Von den Dingen
den bedingt entstandenen
der Vollendete hat enthüllt:
Ihre Bedingtheit und ihre Aufhebung
dies ist die Lehre des großen Asketen.«
Geboren in Wiesbaden, Deutschland am 19. 2. 1878
Gestorben in Ceylon am 28. 5. 1957

Der bekannteste Schüler von Nyanatiloka ist der am 21. Juli 1901 in Hanau geborene Sigmund Feniger, der im Februar 1936 auf der Island Hermitage eintraf und dort 1937 zum Vollmönch ordiniert wurde. Er erhielt den Namen *Nyanaponika* (Zur Erkenntnis geneigt)[15]. Weltweit bekannt wurde Nyanaponika nicht nur durch die Gründung der *Buddhist Publication Society* (1958) in Kandy, sondern vor allem durch das Buch *Geistestraining durch Achtsamkeit*, das in viele Sprachen übersetzt vorliegt und als ein Standardwerk buddhistischer Meditationspraxis gilt.

Nicht weniger bekannt als Nyanaponika ist ganz gewiß der 1898 in Waldheim geborene Ernst Lothar Hoffmann, der Ende 1928 aus dem europäischen Palast nach Ceylon reiste, von Nyanatiloka als Brahmachari aufgenommen wurde und den Namen Govinda erhielt. In Burma nahm er 1930 das gelbe Gewand eines Anagarika, eines in der Hauslosigkeit Lebenden. Govinda wandte sich nach seiner Begegnung mit dem tibetischen Lehrer Tomo Gesche Rimpoche der tibetischen Überlieferung zu und gründete als *Lama Anagarika Govinda* den Orden *Arya Maitreya Mandala* (AMM) mit dem Ziel, die buddhistische Lehre in einer für den westlichen Menschen verständlichen Form zu verbreiten.

Zusammen mit seiner Frau Li Gotama, einer gebürtigen Parsin, lebte Lama Govinda viele Jahre im *Kasar Devi*

Ashram an den Südhängen des Himalaja. Erst in seinen letzten Lebensjahren veranlaßten ihn gesundheitliche Gründe nach Kalifornien umzusiedeln, wo er im Januar 1985 starb. Insbesondere sein autobiographischer Bericht *Der Weg der weißen Wolken* wurde für viele Menschen zu einem Schlüsselerlebnis[16] und ließ sie für Fragen offen werden, die über die erstarrten Rituale und rationalen Deutungsmuster ihrer Herkunftskultur hinausweisen.

Nyanatiloka, Nyanaponika und Lama Anagarika Govinda: Ihr Wirken in Gedanken und Schriften, vor allem aber auch über das Beispiel der eigenen Lebenspraxis half den Weg bereiten für die Entwicklungen, deren Zeugen wir gegenwärtig sind. Nicht mehr gen Osten zu pilgern braucht heute ja, wer die lebendige Auseinandersetzung mit dem Dhamma sucht. Um etwa an einem vom Dalai Lama geleiteten einwöchigen Kalachakra-Ritual teilzunehmen, muß man sich nicht mehr in Tibet einschleichen, sondern brauchte im Juli 1985 nicht weiter als bis ins schweizerische Winterthur zu reisen, um zusammen mit mehr als 5000 Anhängern der Lehre an den Belehrungen und meditativen Übungen im nahegelegenen Rikon teilzunehmen.

Und welcher aufrechte Hanseat hätte vor hundert Jahren denn wohl geglaubt, daß im Herbst 1991 im Zentrum seiner ehrbaren Stadt, gleich neben den »Planten und Blomen«, eine dreitägige Großveranstaltung im Beisein des Dalai Lama stattfinden würde, um im dicht besetzten »Congress-Zentrum« ausgewählte Grundelemente tibetisch-buddhistischer Überlieferung anschaulich werden zu lassen?

Von derartigen spektakulären Großveranstaltungen aber einmal abgesehen; Lhasa ist heute wirklich überall. Ob nun in Chithurst oder im Appenzell, ob in Bern oder in Berlin, in Roseburg oder Rikon, in Hamburg oder Hannover – von Österreich, wo der Buddhismus als gleichberechtigte Glaubensform inzwischen anerkannt wurde, einmal ganz zu schweigen. Überall, in ganz Westeuropa (und wieviel mehr noch an der Westküste der Vereinigten Staaten) findet man heute dauerhaft eingerichtete Gruppen, die auf vielfältige Art das umzusetzen trachten, was Arnold Toynbee als das wesentliche Ereignis des 20. Jahrhunderts bezeichnete, nämlich die gegenseitige Durchdringung von Ost und West. Um der eigenen Selbsterhaltung willen beginnt das Abendland (wieder einmal) vom Osten zu lernen.

Wie sind derartige Entwicklungen zu erklären? Zunächst einmal gilt, daß die rosige Stimmung der Aufklärung uns so gründlich verblichen ist, daß sich damit keine sinnstiftende Basis für weltbearbeitendes Handeln mehr begründen läßt. Die Folgen einer herrischen Kosmologie, der alle Mitwelt zum Umwelt wurde, die Mann als Ressource pflegt und ausschlachtet oder als Konkurrentin eindämmt und bekämpft, kehren sich gegen uns selbst und lassen nach neuen Orientierungen mit einer Dringlichkeit fragen, wie sie die Generation des ersten und auch noch die des zweiten Weltkriegs nicht für sich reklamieren konnte. Deutungen, die dem stahlharten Gehäuse der modernen industriellen Wirtschaftsordnung, in das der Berufsmensch sich eingezwängt sieht, nicht entfliehen oder es aufbrechen, sondern ganz genau dort aufweichen wollen, wo die Konstrukte moderner Hörigkeit entworfen und immer weiter entwickelt werden: in unseren eigenen Köpfen.

Immer mehr Menschen fühlen sich innerlich geneigt und sehen sich durch die äußeren Umstände dazu veranlaßt, mit neuen Seh- und Lebensweisen mitweltlicher Achtsamkeit zu experimentieren, wie sie Daisetz Taitaro Suzuki in seinen *Essays über christliche und buddhistische Mystik* so meisterhaft zu vermitteln verstand. Kontrastiert wird darin[17] die partikulare, westliche Form der Weltaneignung mit einer weltbewahrenden, ganzheitlich orientierten östlichen Einstellung, wie sie etwa der Dichter Basho in einem Haiku artikulierte:

Sieh genau hin,
dann entdeckst du die Nazuna-Blüte
unter der Hecke.

Ich glaube, man reagierte auf diese Phänomene ganz gewiß falsch, täte man sie als eine Modeerscheinung ab. Dies ist keine neoromantische Bewegung[18], durch die unser Gemüt einmal mehr, um mit Joseph Görres zu sprechen, »nach dem Morgenland, an die Ufer des Ganges und Indus, von einem geheimen Zug sich hingezogen fühlt«.

Es ist heute nicht mehr der anziehende Effekt des glückverheißenden exotischen *smell* von Benares, sondern viel eher doch wohl der abstoßende Effekt des leidverursachenden Smog von Bottrop oder Basel, der die Richtung bestimmt. Insofern ist der zeitgenössische »Buddhismus im Westen« keine Neuauflage elitärer Eskapismen im Stile des »Monte Verita« zu Beginn des Jahrhunderts, sondern ein strukturell solide verankertes Phänomen, mit dessen Dauerhaftigkeit wir rechnen können.

»Buddhismus« in Deutschland

Die Anfänge der buddhistischen Bewegung in Deutschland sind inzwischen gut dokumentiert und kommentiert worden, sie müssen hier nicht referiert werden.[19] Das Auf und Ab, das Entstehen und Vergehen der frühen buddhistischen Gruppen und Vereinigungen, ihrer Zeitschriften und Buchreihen ist ein anschauliches Beispiel für die Vergänglichkeit auch solcher, mit viel gesinnungsethischem Elan begonnenen praktischen Versuche, die meist »mangels Masse« wieder aufgegeben werden mußten. So groß das Interesse am »Buddhismus« seit Beginn des Jahrhunderts auch war, bis zur institutionellen Verfestigung und öffentlichen Etablierung derartiger Strömungen ist meist ein langer Weg – ganz besonders natürlich dann, wenn derartige »Verfestigungen« ja gar nicht dem ursprünglichen Sinn der buddhistischen Lehre entsprechen, die zum Weitergehen auffordern, nicht aber Vereinsgründungen anstiften will!

Hans Wolfgang Schumann[20] charakterisierte die buddhistische Bewegung nach Umfang und Schulrichtungen 1974 noch so:

Die Mehrheit der deutschen Buddhisten sind Theravadins. Ihre Zahl kann nur geschätzt werden und dürfte zwischen 2000 und 3000 liegen. Der mahayananische Orden AMM mag weitere 200, das Jodo-Shin-Shu 25 Personen aufbringen. Gruppen, die ausschließlich dem Zen anhängen, gibt es bisher in Deutschland nicht, obwohl auch Zen-Bücher eine breite Leserschaft finden.

Wie sehr sich demgegenüber die Situation im kurzen Zeitraum von knapp zwanzig Jahren verändert hat, dokumentiert die nachfolgende Auswertung des Adressenverzeichnisses buddhistischer Gemeinschaften in Deutschland.

Schulzugehörigkeit/Orientierungen buddhistischer Gemeinschaften in Deutschland

Vajrayana*	52
Zen**	33

* Davon sind 17 Karma-Kagyu-Gruppen, 8 Vajradhatu-Gruppen, 7 Drikung-Kagyu-Gruppen und 2 Aryatara-Gruppen mit jeweils einem eigenen Zentrum und zugehörigen, über die ganze BRD verteilten Untergruppen.

** Davon sind 16 Zen-Kreise um Taisen Deshimaru Roshi.
Quelle: Adressenverzeichnis buddhistischer Gemeinschaften, 2. Aufl. (Dezember 1985). Plochingen: Deutsche Buddhistische Union e. V. »Gelbe Reihe«, Heft 3.

Theravada	12
Allgemeiner Buddhismus (alle Richtungen vertreten)	9
Assoziationen vietnamesischer Buddhisten in Deutschland	6
Theravada/Zen	4
Reine-Land-Schulen	2
Theravada/Vajrayana	1
	119

Offensichtlich ist der Buddhismus in Deutschland heute aus der »intellektuell-literarischen« in eine »praktisch-meditative« Phase eingemündet; denn was die vielen Vajrayana- und Zen-Gruppen charakterisiert, ist ja gerade die starke Betonung der Praxis, verstanden als intensive und regelmäßige meditative Übungen. Die in der Mehrzahl jüngeren Anhänger und Anhängerinnen dieser Gruppen (Frauen sind in vielen Vajrayana-Gruppen in der Überzahl) zeichnen sich nicht durch große Textkenntnisse aus, ihr Einstieg in den »Buddhismus« führt nicht über den intellektuellen Diskurs und das Lehrreden-Gespräch, sondern über die Suche nach eigenen meditativen Erfahrungen durch achtsame Innenschau.

Erkannte man den frühen deutschen Buddhisten also an seiner wohlsortierten Handbibliothek, so sind für die vielen neuen Anhängerinnen und Anhänger buddhistischer Lehre heute das Zafu (Sitzkissen beim Zazen), ein Thanka (Rollbild mit Darstellungen, deren Inhalte während der Übung innerlich zu »entwickeln« und für die eigene Erläuterung zu erschließen sind) und die Mala (Kette mit meist 108 Perlen, die bei der Rezitation von Mantras zum Zählen der Wiederholungen verwendet werden) charakteristisch. Verbindlicher als textkundige Kommentare zu einzelnen Lehrreden sind ihnen die Übungsanweisungen ihrer Lamas oder Roshis.

Der aus der Hippie-Bewegung der späten sechziger Jahre stammende amerikanische Theravada-Mönch Yogavacara Rahula (er ordinierte 1975 in Sri Lanka und ist heute ein international anerkannter Meditationslehrer) hat in seiner umfangreichen Biographie[21] sehr anschaulich dargestellt, wie leicht ihm der erste »Einstieg« in das Fahrzeug des Vajrayana gerade deswegen gefallen war, weil er einen leeren Anfängergeist hatte und ohne Vorurteile den Übungen folgen konnte, wie sie Lama Thubten Zopa Rinpoche und Lama Yeshe im November 1973 den Teilnehmern einer vierwöchigen Belehrung in Kopan (Nepal) anboten. Über das Gefühl wurde ihm das »Auge der Weisheit« direkt geöffnet. Halt gaben ihm in dieser ersten Phase weniger seine rudimentären Kenntnisse des Dhamma, als vielmehr das Ritual und die Gemeinschaft mit vielen anderen, die ebenfalls einen Ausweg aus einer als zunehmend leidhaft und sinnlos empfundenen »Drogen-Tramp-Situation« suchten. Erst nachträglich erfolgte die intellektuelle Aufarbeitung des Erfahrenen anhand eines Buches von Lama Govinda über die Grundlagen tibetischer Mystik.[22]

Eine kürzlich vorgelegte Dissertation von Klaus Bitter über Konversionen zum tibetischen Buddhismus[23] stützt diese amerikanische Selbstbeobachtung durch biographisches Material für Deutschland – wenngleich es heute nicht mehr so ist, daß sich AnhängerInnen des tibetischen Buddhismus vornehmlich aus sozialen Randgruppen rekrutieren. Vielmehr konnte Bitter feststellen, daß sie eine vergleichsweise homogene demographische Herkunftsstruktur repräsentieren:

Die Mehrzahl ist zwischen Ende Zwanzig und Dreißig, Frauen und Männer sind etwa gleich verteilt, überwiegend sind sie Angehörige der oberen Bildungsschicht mit Fachhochschul- und Universitätsabschluß, finanziell meist gesichert, soziale, medizinisch-therapeutische, pädagogische und künstlerische Berufe überwiegen, ein Teil befindet sich noch in der Ausbildung – allerdings existiert auch ein sehr geringer Teil von »Drop-Outs«, ehemaligen Drogenabhängigen und Arbeitslosen, deren Lebensorientierung durch den Buddhismus und die Gruppeneinbindung stabilisiert worden ist.

Eine vergleichbare Studie über die vielen neuen Anhänger (hier überwiegen nach meinen Beobachtungen die Männer) des Zen gibt es noch nicht. Die frontale Angriffsmethode der Zen-Praxis ist allerdings oft genug beschrieben worden, und Jan Willem van de Weterings Schilderungen über die Praxis in einem japanischen und einem nordamerikanischen Kloster[24] erfreuen sich großer Beliebtheit. Zen-Übungen sollen den Intellekt von allen begrifflichen Konzepten und liebgewonnenen Deutungsmustern entrümpeln und geben Anfängern vom ersten Moment an die Chance, direkt an und mit sich zu arbeiten.

Im übrigen sitzen nicht alle ein solches Sesshin durch, so daß allein schon die einwöchige und in den ersten Tagen oft recht schmerzhafte Teilnahme vordergründigen Erfolg suggeriert, eine »ich«bestätigende Zen-Krankheit, die im weiteren Verlauf der Praxis erbarmungslos attackiert wird.

Grob vereinfacht lassen sich Erkennungsmerkmale von Angehörigen der drei Hauptrichtungen des Buddhismus in Deutschland wie in der folgenden Tabelle (Seite 150) dargestellt zusammenfassen.

Mit wieviel Anhängern kann die buddhistische Bewegung inzwischen rechnen? Genaue Angaben darüber sind schwer zu machen, weil es bislang nicht gelungen ist, auch »die Stillen im Lande« zu erfassen, all jene also, die bislang noch den Weg lieber allein und nicht als Mitglied eines eingeschriebenen buddhistischen Vereins oder im Verband einer bestimmten Schul- und Übungsrichtung gehen wollen.

Typologie buddhistischer Gruppen in Deutschland nach den drei Hauptrichtungen*

	Theravada	Vajrayana	Zen
Durchschnittliches Alter der Mitglieder	50 und älter	20 bis 30	30 bis 40
»Erkennungsmerkmal«	Handbibliothek	Thanka und Mala	Zafu
Gruppenstruktur	egalitär, Diskussionen mit Rekurs auf Pali-Kanon	hierarchisch, nach Anciennität und Ausbildung	hierarchisch, nach Anciennität und Ausbildung
Bindung	Bindung an klassische Lehrreden und deren Wegweisungen	enge Bindung des Schülers (Cela) an den Lehrer (Guru)	enge Bindung an die jeweilige Richtung/Schule und deren Patriarchen
Übung	Lehrreden-Gespräch	Puja und Meditation	Zazen
Übungsform	Seminare, Retreats	Belehrungen	Sesshin
Sprache bei den Übungen	Deutsch/Englisch	Tibetisch/Deutsch/Englisch	Deutsch/Englisch
Lehrer	Theras, Textkundige und Vipassana-Lehrer	Lamas	Roshis
Ritualistik	nur ansatzweise, auf Pali	ausgeprägt, auf Tibetisch	ausgeprägt, auf Japanisch-Chinesisch
Orientierung	nach Sri Lanka und Thailand	nach Indien und Tibet	nach Japan und China

* Dieser Versuch beschränkt sich auf Äußerlichkeiten, die dem interessierten Beobachter zugänglich sind. Eine präzisere Typologie, insbesondere auch nach den Dimensionen der Herkunft, Ausbildung, des Familienstandes und anderer sozial relevanter Variablen ist bislang noch nicht möglich. Martin Baumann[19] konnte bei seiner Übernahme dieser Typologie auch nur geringfügige Details ergänzen.

Die Zahl der *Buddhisten in Europa insgesamt* wird mittlerweile auf *eine Million* geschätzt, von denen allerdings die Hälfte ihren Glauben aus asiatischen Ländern mitgebracht hat. Wie dazu anläßlich des Kongresses der Europäischen Buddhistischen Union (Berlin, 24.–27. 9. 92) weiter mitgeteilt wurde, gibt es *innerhalb der Bundesrepublik etwa 300000 Buddhisten*, darunter 60000 Vietnamesen.[25]

Einheit in der Vielfalt

Erstmals in der historischen Entwicklung des Buddhismus sind alle (Haupt-)Schulen in einem Land vertreten; erstmals können ihre verschiedenen »Fahrzeuge« verglichen werden, die in unterschiedlichen Milieus und in Auseinandersetzung mit unterschiedlichen Kulturmustern entwikkelt wurden. Alte Abgrenzungs- und Differenzierungsstrategien ließen sich bei dieser Ökumene und angesichts einer interessierten Laienschaft mit leichtem Zugriff auf klassische Texte und vergleichende Studien nicht mehr aufrechterhalten.

Innerhalb des Dachverbandes der Deutschen Buddhistischen Union (DBU), eines bis dahin eher formalen und inhaltlich nicht sonderlich aktiven Zusammenschlusses (1955), wurde 1984 beschlossen, eine »Buddhistische Religionsgemeinschaft« zu gründen und ihre staatliche Anerkennung als »Körperschaft des öffentlichen Rechts« zu erwirken. Man hoffte, damit den vielfältigen Berührungsängsten all jener begegnen zu können, die dem Buddhismus innerlich zwar sehr nahestehen, sich gleichwohl aber nicht entschließen können, einem »buddhistischen Verein« beizutreten. Der »eingetragene Verein« (e.V.), dessen Gemeinnützigkeit amtsgerichtlich anerkannt ist und der steuerlich absetzbare Spendenbescheinigungen ausstellen kann, ist nämlich die spezifische Organisationsform, auf die sich (in Anpassung an die Rechtsstaatlichkeiten eines »neuen Landes«) die Ansätze zur Bildung der Sangha im deutschsprachigen Bereich einzupendeln beginnen.

Am 3. September 1984 wurde von der DBU beim Ministerium für Kultus und Sport des Landes Baden-Württemberg ein Antrag auf staatliche Anerkennung der Buddhistischen Religionsgemeinschaft gestellt. Die Besprechungen der für Kirchenfragen zuständigen Fachreferenten führten dann auf der Ebene der Kultusministerkonferenz dazu, daß man vorerst den Zusammenschluß aller Buddhisten in Deutschland bzw. der einzelnen buddhistischen Gruppierungen und Vereine abwarten wollte sowie die Verabschiedung einer Satzung und eines Glaubensbekenntnisses zur Auflage machte. Nach entsprechenden Vorarbeiten und intensiven Beratungen fand daraufhin im tibeto-buddhistischen Kamalashila-Institut (Wachendorf/Bonn, 26.–28. 4. 1985) eine Konferenz zur Gründung der Buddhistischen Religionsgemeinschaft (BRG) statt, zu der alle in der Bundesrepublik wohnenden Buddhisten und Buddhistinnen eingeladen wurden.

Insgesamt 36 buddhistische Gemeinschaften waren vertreten, außerdem waren etwa 150 teilweise keiner Gruppierung zugehörige Interessenten anwesend. Die zum Teil sehr engagierten Diskussionen um die zukünftige Struktur und Aufgabenstellung der BRG machten deutlich, daß noch weitere Details zur Verfassung und insbesondere zur Stellung der Mönche und Nonnen innerhalb der Sangha geklärt werden müßten.

Am 8. August 1985 wurde im Kultusministerium in Stuttgart der endgültige Verfassungsentwurf übergeben, und einen Monat später fand in Hamburg (6.–8. 9. 1985) die Gründungsversammlung der BRG statt, an der insgesamt 39 buddhistische Gruppen teilnahmen. Satzung und Bekenntnis wurden nach langen Beratungen bei einer Stimmenthaltung angenommen.

Dem Kultusministerium Baden-Württemberg wurden die Ergebnisse der Gründungsversammlung in Hamburg mit Schreiben vom 15. 10. 1985 dargelegt; sie wurden auf einer Fachkonferenz der Kultusministerien Ende Oktober beraten. Dabei wurden organisatorische Einwände, insbesondere vom Bayerischen Staatsministerium für Unterricht und Kultus, vorgebracht, denen sich Fachreferenten einzelner Bundesländer anschlossen. Es wurde empfohlen, die weitere Entwicklung der BRG und ihrer Mitgliederzahlen abzuwarten.

Gerhard Szczesny, der buddhistische Gedanken ja schon früher »im Abendland« zu verbreiten versucht hatte,[26] wandte sich in dieser Angelegenheit mit einem persönlichen Schreiben vom 19. Februar 1986 direkt an den Bayerischen Kultusminister. Die Antwort des zuständigen Referenten[27] machte deutlich, daß die BRG noch einen weiten Weg zu gehen haben wird, damit sie die Gewähr der Dauer und den Nachweis einer ausreichenden Mitgliederzahl »nach Artikel 140 des Grundgesetzes in Verbindung mit Art. 137 Abs. 5 Satz 2 der Weimarer Reichsverfassung« bieten und damit die Voraussetzungen für eine Anerkennung als Körperschaft des öffentlichen Rechts schaffen kann.

Diesen offiziellen Einwänden entspricht der von den Vorständen der DBU und der BRG im November 1988 gefaßte Beschluß, beide Organisationen per 1. Januar 1989 zusammenzuführen, um so die langjährige Kontinuität der buddhistischen Arbeit in Deutschland zu dokumentieren. Der Name dieser neuen/alten Vereinigung lautet jetzt »Deutsche Buddhistische Union e. V. – Buddhistische Religionsgemeinschaft«.

Die Geschäftsstelle des Vereins ist in München; von dort aus werden auch die seit Frühjahr 1987 vierteljährlich erscheinenden *Lotusblätter – Zeitung für Buddhismus* redaktionell betreut. Besondere Anstrengungen, die Anerkennung der Vereinigung als »Körperschaft des öffentlichen Rechts« neuerlich durchzusetzen, sollen vorerst nicht mehr unternommen werden.

Auch wenn der kurze Marsch durch die Institutionen mühsam war und vorerst nicht zum eigentlichen Ziel der gemeinsamen Anstrengungen führte, hatte er eine wichtige integrierende Funktion für das Selbstverständnis der buddhistischen Bewegung in Deutschland insgesamt. Vor allem wurde aufgrund der staatlichen Vorgaben etwas geleistet, was für die Ausbreitung des Dhamma im Westen bislang einzigartig ist: Ein Bekenntnis wurde verabschiedet, das von allen Schulen anerkannt wird, auf das aber nicht alle in Deutschland ansässigen Gruppierungen ihre Mitglieder auch verpflichten – besonders dann nicht, wenn sie ihnen die weitere Mitgliedschaft in einer christlichen Kirche offenhalten wollen.

Buddhistisches Bekenntnis

Ich bekenne mich zum Buddha als meinem unübertroffenen Lehrer, denn er hat die Vollkommenheiten verwirklicht und ist aus eigener Kraft den Weg der Befreiung und Erleuchtung gegangen. Aus dieser Erfahrung hat er die Lehre dargelegt, damit auch wir die endgültige Leidfreiheit erlangen können.

Ich bekenne mich zur Lehre des Buddha, denn sie ist klar, zeitlos und lädt jeden ein, sie zu prüfen, sie im Leben anzuwenden und zu verwirklichen.

Ich bekenne mich zur Gemeinschaft der Jünger *des Buddha*, die sich ernsthaft um die Verwirklichung seiner Lehre bemühen, um die verschiedenen Stufen der inneren Erfahrung und des Erwachens zu verwirklichen. Sie dienen mir als Vorbild.

Ich habe *festes Vertrauen zu den Vier Edlen Wahrheiten.* Sie besagen: Das Leben im Daseinskreislauf ist letztlich leidvoll. – Dies ist zu durchschauen. Ursachen des

Leidens sind Gier, Haß und Verblendung. – Sie sind zu überwinden. Erlöschen die Ursachen, erlischt das Leiden. – Dies ist zu verwirklichen. Zum Erlöschen des Leidens führt ein Weg, der Edle Achtfache Pfad. – Er ist zu gehen.

Ich bekenne mich zur *Einheit aller Buddhisten*, denn wir folgen unserem gemeinsamen Lehrer und sind bestrebt, seine Lehre zu verwirklichen: Ethisches Verhalten, Sammlung und Weisheit wollen wir entwickeln, um Befreiung zu erlangen. In diesem Bewußtsein begegne ich allen Mitgliedern dieser Gemeinschaft mit Achtung und Offenheit.

Ich will mich bemühen, keine Lebewesen zu töten oder zu verletzen, Nichtgegebenes nicht zu nehmen, keine unheilsamen sexuellen Beziehungen zu pflegen, nicht zu lügen oder unheilsam zu reden, mir nicht durch berauschende Mittel das Bewußtsein zu trüben.

Zu allen Lebewesen will ich unbegrenzte *Liebe, Mitgefühl, Mitfreude und Gleichmut* entfalten, im Wissen um das Streben aller Lebewesen nach Glück.

So wie es vom Buddha vorgegeben worden war (vgl. Seite 118), enthält das Bekenntnis in den ersten drei Abschnitten die »dreifache Zufluchtnahme« als einfaches Aufnahmeritual für Laien. Darauf folgen die vier Grundeinsichten (Vier Edle Wahrheiten) in den Daseinskreislauf, dessen unbefriedigende Verhaftungen mit den Übungsanleitungen des »Weges« überwunden werden können. Unterschiedliche Formen der Praxis, die sich dabei in verschiedenen Traditionen buddhistischer Weggemeinschaften entwickelt haben, werden im fünften Abschnitt ausdrücklich akzeptiert. Die innere Einheit aller Buddhisten als Nachfolger eines gemeinsamen Lehrers ist durch äußere Unterschiede bei der Wissensvermittlung, im Ritual und bei den meditativen Übungen nicht aufgehoben. So vielfältig die Praktiken auch scheinen, folgen sie doch alle dem Weg zur

»Selbst«befreiung. Ethische Richtschnur auf diesem Weg sind die im vorletzten Abschnitt aufgeführten »fünf Sittenregeln«; damit wurde auch der zweiten vom Buddha vor mehr als zweitausendfünfhundert Jahren gemachten Vorgabe für die Aufnahme von Laien entsprochen.

Als Abschlußformel zusätzlich in das Bekenntnis aufgenommen wurden die Vier Erhabenen Geisteszustände der allumfassenden Liebe (*Metta*), des Mitgefühls (*Karuna*), der Mitfreude (*Muditha*) und der unterschiedslos-gleichmütigen Zuwendung zu allen Wesen (*Upekkha*). Ursprünglich vier von insgesamt vierzig Übungsgliedern zur Entfaltung rechter Sammlung und Vertiefung, werden die Brahma-Zustände (*Brahama-Viharas*) heute zunehmend empfohlen, um Tendenzen zum individualistischen Rückzug auf das eigene »Heilsziel« entgegenzuwirken. Eine Metta-Meditation ist heute fester Bestandteil fast jedes Theravada-Meditationsseminars und intendiert die gleiche Herzensöffnung zur ganzen Welt, wie sie im Bodhisattva-Gelöbnis des Mahayana artikuliert wird. Ganz in diesem Sinne hatte der singhalesische Mönchsgelehrte Walpola Rahula auf dem ersten Kongreß des *World Buddhist Sangha Council* in Colombo gesagt[28]:

Wir folgen dem Beispiel des Buddha, unserem Lehrer, der die Verkörperung des Mitempfindens und der größten Weisheit ist, indem wir als den Sinn unseres Daseins das Mitempfinden für alle Wesen entwickeln, für deren Wohlergehen, Glück und Frieden wir ohne Unterscheidung sorgen wollen.

Nicht nur das Hängen an Riten und Regeln kann zum Hindernis werden. Auch das Hängen an Ideen, Idealen, Konzepten, Weltanschauungen, Glaubenslehren und Theorien verstellt dem Geist den Blick auf die Zusammenhänge, wie sie in Wahrheit und der Wirklichkeit entsprechend eigentlich sind.

Wer Zeuge der Berührungsängste zwischen buddhistischen Mönchen unterschiedlicher Schulen in Ländern Asiens gewesen ist, kann nachvollziehen, welche außerordentliche Bedeutung die programmatischen Erklärungen Walpola Rahulas, eines international angesehenen Mahathera und Gelehrten, haben. Noch zu Beginn dieses Jahrhunderts wäre es ganz undenkbar gewesen, daß Theravada- und Mahayana-Mönche überhaupt zusammenfinden, um eine gemeinsame Formel zur Einheit ihrer Schulen zu erarbeiten.

Ein Verständnis der Gemeinsamkeiten innerhalb der alten (östlichen) Sangha im engeren Sinne ist aber wichtig, weil sonst im neuen (westlichen) Verbreitungsgebiet des Dhamma ja gar nicht umgesetzt werden kann, was der Präsident der Deutschen Buddhistischen Union auf dem 2. Internationalen Kongreß der Buddhistischen Union Europas (Turin, 4.–7. 9. 84) als zukünftige Aufgaben der Zusammenarbeit formulierte.[29] Am Ende seiner sieben Punkte umfassenden programmatischen Erklärung hieß es:

Vermeiden wir in unserer europäischen Gemeinschaft zu starke Abgrenzungen zwischen Theravada (Hinayana), Mahayana und Vajrayana. Dort wiederum zwischen Gelugpas, Sakyapas, Nyingmas und Kargyütpas.

All diese Richtungen und Schulen beinhalten nur verschiedene Aspekte, Methoden und Schwerpunkte der gleichen Lehre. Sie gehören zur Basis des gewaltigen buddhistischen Lehrgebäudes und sind nur unterschiedliche Instrumentarien, die zum gleichen Ziel: ans andere Ufer – zur Befreiung vollkommener, höchster Erleuchtung führen.

Der Buddhayana ist es, den wir gehen. Laßt uns voll Güte und Toleranz gemeinsam auf jenem Weg voranschreiten, den uns Gautama Buddha aufgezeigt hat.

Wie wird das neue Fahrzeug »Buddhayana« einmal aussehen, an dem so viele Westler und Westlerinnen heute arbeiten? Weil »vom Geist geführt die Dinge sind« (Seite 85), mag ein kurzer Rundgang durch die fünf gegenwärtig am meisten beachteten Felder des »buddhistischen Diskurs« Hinweise auf das geben, was sich als Praxis neu formieren könnte. Dabei ist allerdings die Metapher vom »leeren Spiegel« mitzudenken: Die reine Lehre ist zeitlos; Versuche, sie zeitgerechter zu vermitteln, spiegeln Zuständlichkeiten eines bestimmten Zeitgeistes, sagen über Buddha, Dhamma und Magga selbst aber nichts aus.

Integration

Wie bereits dargestellt, beobachten wir erstmals in der Entwicklungsgeschichte des Buddhismus eine Zusammenarbeit der verschiedenen Schulen und Richtungen, wie sie sich in Anpassung an die soziokulturellen Eigentümlichkeiten bestimmter Regionen Asiens entwickelt haben. Den Praktizierenden ist es heute möglich, Elemente unterschiedlicher Schulrichtungen zu einem als förderlich erfahrenen persönlichen Übungsweg zu vereinen. Während der Ausbildung im Stil einer bestimmten Schule oder durch einen Lehrer sollten verschiedene Schulungswege zwar nicht vermischt werden, doch gilt in jedem Fall die Aufforderung zum Weitergehen. Wenn als Ergebnis des Selbersehens ein spezifischer »Synkretismus« entsteht, so mag das zwar gegen die festgelegten Ordensregeln einer Tradition sein, stimmt gleichwohl aber mit der Grundmaxime »Seid euch selbst die Zuflucht« überein, wie sie Buddha seinen Schülerinnen und Schülern mit auf den Weg gab.

John Snelling hat kürzlich[30] sehr provokant die besondere Chance reflektiert, das Dhamma in einem »neuen Land« erfahren zu können, wo es noch nicht im Sinne einer bestimmten Tradition institutionell verkrustet ist:

In vieler Hinsicht hatten wir, die wir in den letzten zwanzig Jahren zum Buddhismus gestoßen sind, Glück, denn ein beträchtlicher Teil des wahren Geistes kommt in jeder Tradition wieder an die Oberfläche, wenn er durch eine neue Übermittlungs- oder Entwicklungsphase geht. Jedoch ist dieser Geist teilweise wieder verlorengegangen. Denn damals, in meinen indischen Tagen, herrschte eine wunderbare Demokratie unter uns, die wir seinerzeit den Buddhismus erforschten und damit experimentierten.

Nostalgische Erinnerungen eines »Alt-Buddhisten«, der in die Jahre gekommen ist? Mit der Frage »Brauchen wir eine buddhistische Kirche?« hat John Snelling mehr deutlich gemacht als nur die Regelmäßigkeiten autobiographischer Rekonstruktionsprozesse. Vielmehr hat er auf generelle Tendenzen zur Veralltäglichung sozialer Bewegungen hingewiesen, die auch für die Ausbreitung des Buddhismus gelten:

Jetzt wird der Buddhismus modern. Eine Menge Reichtum und Macht geht damit einher, und die Konkurrenz, diese Macht und diesen Reichtum zu beherrschen, wächst beständig. Zu gleicher Zeit sehen wir, wie die Infrastruktur organisierter Religion zum Vorschein kommt: Tempel, Klöster und Zentren und professionelle Amtspersonen verschiedenster Art.

Wie »modern« der Buddhismus inzwischen in der Tat geworden ist, zeigte sich im Sommer 1992 an einer Anzeigenkampagne der Deutschen Bank, die in der *Frankfurter Allgemeinen Zeitung* (FAZ) ganzseitig auf die Dienste ihres privaten Anlage-Managements hinwies und dafür als Blickfang einen europäischen Meditierenden auf japanischen Tatami-Matten benutzte. Ist Buddha also angekommen auf den westlichen Märkten? Zumindest sind ausgewählte Versatzstücke östlicher Spiritualität nicht mehr mit dem degoutanten Geruch zweifelhafter Ashrams behaftet, sondern wurden salonfähig und stehen all jenen zur freien Verfügung, die meinen, die Zeichen der neuen Zeit werbewirksam erkannt zu haben.

Integrationsbemühungen also nicht nur innerhalb der buddhistischen Bewegung selbst, sondern Integration auch des »Buddhismus« in Substrukturen eines neuen westlichen Landes. Wo noch vor knapp vier Generationen der Divisionspfarrer Falke vor der Gefahr eines »mit Kraft gegen das Christentum anstürmenden Buddhismus« warnte (vgl. Seite 138), da veranstalten staatlich subventionierte Einrichtungen der Erwachsenenbildung heute interreligiöse Dialoge, laden katholische Klöster zu Zen-Sesshins unter Anleitung japanischer Mönche ein und publizieren renommierte christliche Verlage Taschenbücher über den »Gott deines Nächsten«, auf deren Umschlag Papst und Dalai Lama einander zulächeln. Diesem integrierenden Dialog in verschiedenen halbstaatlichen und kirchlichen Bereichen entspricht auf der Vermittlungsebene des Bildungssystems ein kürzlich erschienenes Leseheft über die »Ethik des Buddhismus«[31], in dem Grundpositionen buddhistischer Lehre für den Oberstufenunterricht aufbereitet sind.

Inwiefern die vielen Einladungen zum Dialog der weiteren Entwicklung des Buddhismus wirklich förderlich sind und helfen können, kulturspezifische Muster des Buddayana zu finden, ist noch nicht abzusehen. Entsprechend unterschiedlich wird innerhalb der buddhistischen Bewegung selbst auf die Kooperationsangebote reagiert; beide Extreme sind zu finden: offene Ablehnung und freudige Zustimmung.

Vermittelnd hat sich dazu Nyanaponika Mahathera (vgl. Seite 142) in einem Gespräch geäußert, das wir im November 1987 in der Forest Hermitage hatten[6]:

Es gibt konservative buddhistische Kreise, die in einer begrenzten und mit theologischen Vorbehalten unternommenen Übung buddhistischer Meditation durch Nicht-Buddhisten eine Gefahr wittern. Die Warnung vor Verwässerung ist gewiß zu beherzigen. Doch es geht zu weit, wenn jene konservativen Kreise eine Betonung der praktischen Anwendbarkeit der gestärkten Achtsamkeit auf das Alltagsleben beanstanden. Wenn Andersgläubige aus buddhistischer Meditation oder dem buddhistischen Lehrgut etwas für sie Hilfreiches entnehmen, so sollte uns das freuen, auch wenn es nur ein Bruchteil der Gesamtlehre ist. So begrüße ich es, wenn auch katholische Priester, Mönche und Nonnen buddhistische Meditation üben, soweit sie es mit ihrem Glauben vereinbaren können. Ich denke dabei zum Beispiel an Pater Enomiya Lassalle, der seit vielen Jahren Zen-Meditation übt und lehrt und der mich auch einmal besucht hat. Ein besonderer Fall ist freilich die buddhistische Vipassana oder Klarblicksmeditation. Bei ihr geht ein Nicht-Buddhist das Risiko ein, daß er von der Strömung einer Meditationserfahrung weitergetrieben wird und dann seinen Glauben an eine ewige Seele gefährdet sieht. Doch wie weit er mit seiner Meditation geht, das ist seine eigene Verantwortung.

Selbstbestimmung

Nyanaponikas abschließender Hinweis auf die Eigenverantwortung des Gehenden für die Gestaltung seines Weges entspricht der klassischen Aufforderung: »Seid euch selbst die Zuflucht!«

Doch ist es dabei ja nicht geblieben. Innerhalb aller buddhistischen Schulen haben sich Hierarchien von Amts- und Würdenträgern entwickelt, die ihre außerordentliche Stellung über ein spezielles, in langen Ausbildungsgängen erworbenes Heilswissen legitimieren, an dem Laien zwar im Rahmen bestimmter Rituale und bei besonderen Anlässen partizipieren können, von dem sie letztlich aber doch ausgeschlossen bleiben. Wie mit solchen quasi-kirchlichen Strukturen auch innerhalb des Buddhismus in einem »neuen Land« umgehen, in dem es doch gerade der bürokratische Heilsbetrieb der kirchlichen Gnadenanstalten ist, der viele Menschen abstößt und sie nach einer neuen Zuflucht suchen läßt?

»Ich bekenne mich zur Gemeinschaft der Jünger des Buddha, die sich ernsthaft um die Verwirklichung seiner Lehre bemühen.«

Diese Zuflucht zur Sangha wurde im buddhistischen Bekenntnis mit Bedacht so formuliert, daß sich darin Laien wie Ordinierte wiederfinden können. Gleichwohl waren es die »demokratischen« Interpretationen bei den Beratungen, die den Vertreter der vietnamesischen Buddhisten in Deutschland veranlaßten, eine Mitgliedschaft seiner mehr als 25 000 Gläubige umfassenden Organisation in der angestrebten Buddhistischen Religionsgemeinschaft abzulehnen. Für ihn und seine Landsleute war es schlicht unvorstellbar, daß Mönche keine Sonderstellung haben und sich womöglich Mehrheitsbeschlüssen eines Laiengremiums unterwerfen sollten.

Wie also ist der »Buddhismus« in Deutschland heute organisiert? Rechtlich fast immer in Form des »eingetragenen Vereins«, dessen Gemeinnützigkeit anerkannt worden ist, so daß Spenden steuerlich absetzbar sind. Vollamtlich tätige Helferinnen und Helfer, aber auch Mönche und Nonnen werden aus versorgungsrechtlichen Gründen meist als Angestellte des Vereins geführt, geben einen Teil ihres Gehalts aber meist als Spenden wieder an den Verein zurück. Wichtiger als das »Taschengeld« ist in jedem Fall der Versicherungsschutz bei Krankheit und Unfall. Typische Anpassungen an die Strukturen eines »verrechteten« neuen Landes?

Auch in einem ganz alten Land wie zum Beispiel Indien sind die Verhältnisse inzwischen nicht mehr so, wie es sich gläubige Neu-Konvertiten hierzulande gerne vorstellen. In langen Gesprächen anläßlich eines privaten Besuchs in Konstanz im Herbst 1992 erläuterte mir Njana Jagat Mahathera, Generalsekretär des *Main Temple Management Committee* in Bodhgaya, wie sehr er inzwischen zum hauptamtlichen Manager habe werden müssen, der sich viel mehr um sein Büro als um die Lehre zu kümmern habe, die von Bodhgaya aus ihren Anfang nahm. Beinahe vierzig Angestellte stünden auf der Gehaltsliste, ein delikates Gleichgewicht der Kastenzugehörigkeiten und lokalen Machtstrukturen sei bei jeder Neueinstellung zu bedenken, Bauaufträge könnten ohne die üblichen »Provisionen« fast nicht abgewickelt werden, und ein guter Kontakt zur Distriktbehörde sei unerläßlich für das Gedeihen der Wiederaufbauarbeiten auf dem Tempelgelände.

Aber wenigstens um die dort »dienst«tuenden Bhikkhus brauche er sich ja wohl nicht sonderlich zu kümmern, meinte ich einmal. »Selbstverständlich um die auch«, wurde mir daraufhin erklärt, »sie stehen ja auch alle auf meinen Gehaltslisten. Wie sollten sie sonst denn mit dem Zug oder Bus reisen, Medizin und andere Notwendigkeiten des Lebens kaufen können?«

Nach diesen Hinweisen auf einige Realien im heutigen Bodhgaya aber wieder zurück zum Buddhismus im eigenen Land: »Starr nicht auf andere, sondern achte besser auf dich selbst!« ist ja ein immer wieder zu vergegenwärtigender Hinweis, wenngleich auch die nach außen gerichtete teilnahmsvolle Achtsamkeit ein wichtiger Teil buddhistischer Praxis ist.

Welche Tendenzen zur »Hierarchisierung« sind im deutschsprachigen Bereich zu beobachten, wie legitimieren sich Lehrerinnen und Lehrer, wie sind Nachfolgestrukturen geregelt, wer »darf« hier überhaupt lehren?

Innerhalb der etablierten Traditionen sind Hierarchien, Schulung und Nachfolgeordnungen orientiert an den bewährten Mustern des Herkunftsmilieus. Auch wenn bei bestimmten Ritualen inzwischen Zugeständnisse an die deutschsprachigen TeilnehmerInnen gemacht werden: Grundsätzlich gilt die Überlieferung der jeweiligen Richtung.

Lehrerinnen und Lehrer legitimieren sich innerhalb ihrer Schulen nach den dort üblichen Kriterien der Ausbildung, Prüfungen und Anerkennung. Entsprechend sind auch die Nachfolgestrukturen geregelt und übernehmen die Ordnungen und Regeln der Tradition. Lehren darf, wer die dafür vorgesehenen Prüfungen bestanden hat und dafür von einem anerkannten Gremium oder Lehrer autorisiert worden ist.

Auch westliche Neustiftungen wie etwa das von Lama Govinda gegründete *Arya Maitreya Mandala* (vgl. Seite 142) oder die inzwischen in vielen Ländern verbreiteten (in England gegründeten) *Friends of the Western Buddhist Order* haben sich Regeln gegeben und Bestimmungen erlassen, die sicherstellen sollen, daß Qualitätsstandards bei der Ausbildung und Lehre garantiert sind.

»Freie« Lehrerinnen und Lehrer, die keiner besonderen Schule angehören (wollen), sondern sich »einfach« als Dhamma-LehrerIn verstehen, legitimieren sich meist durch einen ausführlichen Lebenslauf, in dem Stationen des eigenen Weges aufgeführt sind (z.B.: Wie lange wurde wo was praktiziert? Wie lange und in welcher Schule zeitweilig ordiniert? Seit wann wieder als Laie und mit Familie »in der Welt«?). Solche Hinweise sollen Interessenten an »offenen«, nicht dezidiert auf eine bestimmte Schule festgelegten Seminaren und Meditationskursen helfen, sich »ein Bild« zu machen. Im übrigen aber gilt auch hier, daß sich Qualität schnell herumspricht und »Heile« nicht lange alleine bleiben.

Es ist interessant zu sehen, daß es neben den und außerhalb der sich neu etablierenden »alten Schulen« in der Tat Tendenzen zu »großer Weite« gibt. John Snelling hat das in seinen Überlegungen[30] über die »buddhistische Kirche« sehr deutlich gemacht.

Er schlägt vor, daß die Buddhisten in Europa nicht wieder in die klassische Zweiteilung von Lehrer und Schüler verfallen sollten, sondern sich bemühen müßten, so etwas wie ein »offenes Forum« zu bilden, in dem alle Studienkollegen seien. Zwar wisse er keine Patentlösung für »einen Buddhismus ohne Infrastruktur und ohne Professionelle«, doch glaube er, daß es möglich sein müsse, die »Menschen auf die eigenen Füße zu stellen«, ohne sie abhängig von äußeren Stützen zu machen:

Dann gäbe es eine echte Sangha, die freundschaftliche Vereinigung geistig Ebenbürtiger, anstelle der Trennungen, Abhängigkeiten und Ausbeutung, die wir immer deutlicher beobachten. Das mag utopisch klingen, aber wir müssen eine Vision haben, mit der wir arbeiten können – und welche wäre da wohl besser?

Die als Lehrerin auch in Deutschland bekannte Toni Pakker[32] hat sich ein Stück weit an solch einer Utopie versucht, um wieder »mit ganz neuen Augen sehen« zu können.

1927 in Berlin geboren, überlebte sie als Kind jüdischer Eltern das Hitler-Regime und den Krieg in Deutschland. 1945 zog sie in die Schweiz, von wo sie 1950 zusammen mit ihrem Mann, Kyle Packer, in die USA aufbrach. Dort legte sie ein Vordiplom in Psychologie ab und kam mit »Buddhismus« zunächst über die Bücher von Alan Watts in Kontakt. Dann folgten Texte von D.T. Suzuki und schließlich *Die drei Pfeiler des Zen* von Philip Kapleau, in dessen Zen-Center in Rochester sie und ihr Mann ab 1967 Mitglied wurden. Toni beginnt eine intensive Zen-Ausbildung bei Kapleau und wird von ihm schon zu Beginn der siebziger Jahre zu eigenen Vorträgen ermutigt. Ab Mitte der siebziger Jahre erlebte sie dann »die große Ent-Täuschung« durch die Lektüre der Bücher von Krishnamurti, dem sie später dann auch auf Seminaren in der Schweiz und den USA begegnet. Es wurde ihr »unausweichlich klar«, daß in der Zen-Tradition ein komplexes System von Dogmen, Regeln und Ritualen besteht, das nicht mehr hinterfragt wird.

Entsprechend kommt es im *Rochester Zen Center*, dessen Leitung ihr Kapleau während eines »Frei-Jahres« 1980 überantwortet hatte, bald zum Eklat. 1981 zieht Toni Packer aus, und 1984 können sie und ihre AnhängerInnen das *Springwater Center* auf einem 115 Hektar großen Gelände an der Ostküste eröffnen, in dem nun alles offen und freiwillig geschehen soll. Wer wann wo und wie lange sitzen will, ist allein sein Problem; keine Verbeugungen, kein Weihrauch, kein Kyosaku, keine Hierarchien sollen mehr irritieren, und wer die Lehren seines eigenen »Selbst« am besten in der freien Natur meint wahrnehmen zu können, der mag den Wildwechseln draußen folgen und sich auf einsame Spaziergänge begeben.

Klingt das nicht im wahrsten Sinne des Wortes verführerisch? Wie lange aber wird sich eine solche Offenheit bewahren lassen? Wie sehr ist das von Toni Packer heute propagierte Extrem völliger »Entspannung« bedingt durch die extremen Anspannungen ihrer vorherigen Ausbildung? Mit anderen Worten: Haben wir nicht auch in diesem Fall wieder eine ganz persönliche »durch vielfache Ursachen bedingte« Wegentscheidung vor uns?

Ich glaube nicht, daß der »Buddhismus« allgemeingültige Antworten geben kann. Als bemerkenswert bleibt daher abschließend festzuhalten, daß es neben den tradierten Schulen und Systemen heute sehr wohl auch Bewegungen gibt, die nach Mitteln suchen, um das Dhamma in einer dem Selbstverständnis der Zeit angemessenen neuen Form zu vermitteln. Wie damit umzugehen ist, muß jedem einzelnen überlassen bleibend. Tradierte Formen können sowohl Stützen als auch Fesseln sein.

Weibliche Spiritualität

Weltweit leben heute etwa 60000 Frauen als buddhistische Nonnen, aber nur 15000 sind als Bhikkhunis voll ordiniert. Nach dem Aussterben der Übertragungslinien in anderen Ländern Asiens wird die Vollordination gegenwärtig nur noch in der chinesischen (Taiwan und Hongkong), der koreanischen und der vietnamesischen Tradition praktiziert. In Burma, Kambodscha, Laos, Nepal, Thailand und Sri Lanka können spirituell hochmotivierte Frauen zwar als Quasi-Nonnen (oft als »Schwestern« bezeichnet) leben, ohne jedoch die Chance zur Vollordination im eigenen Land zu haben. Gleichzeitig beobachten wir heute, wie sich in den allenthalben entstehenden neuen buddhistischen Gruppierungen des Westens starke Impulse entwickeln, die auf eine Wiederherstellung der spirituellen Gleichberechtigung der Frauen drängen und neu einfordern, was zu Zeiten des Buddha von ihm selbst gestiftet, im Zuge der mehrheitlich von Männern verwalteten Weitergabe und Verfestigung der Lehre aber verdrängt worden war.

Von besonderer Bedeutung für diesen Aufbruchprozeß war die erste Konferenz buddhistischer Frauen und Nonnen, die vom 11. bis 17. Februar 1987 unter der Schirmherrschaft des Dalai Lama in Bodhgaya stattfand.[33] Siebzig Nonnen verschiedener Traditionen und achtzig in der buddhistischen Laienbewegung engagierte Frauen waren an historischem Ort zusammengekommen, um sich über ihr Verständnis der zukünftigen Rolle der Frauen in der Sangha auszutauschen und über »geschickte Mittel« zu beraten, die ihre Gleichberechtigung beim Zugang zur spirituellen Praxis auch in den Ländern wiederherstellen könnten, wo dieses Thema beim etablierten buddhistischen Klerus deutliche Berührungsängste auslöst. Nicht zufällig fand daher die zweite Konferenz (1991) in Bangkok statt, ist zur dritten im Oktober 1993 nach Sri Lanka eingeladen worden, in ein Land also, wo die Diskriminierung von Frauen auf dem buddhistischen Läuterungsweg ganz besonders offensichtlich ist.

Ganz gewiß wird das Thema »spirituelle Gleichberechtigung der Frau« in den kommenden Jahren auch in Europa noch viel aktueller werden. Die zu diesem Thema in letzter Zeit in den USA erschienenen Publikationen[34] weisen ebenso auf seine Bedeutung hin wie die Tatsache, daß das Doppelheft der *Lotusblätter* über »Frauen im Buddhismus« (4/89 und 1/90) schnell vergriffen war und neu aufgelegt werden mußte.

Woran also werden sich die klassischen Schulen des Buddhismus orientieren: an den aktuellen Bedürfnissen im (eigenen) »neuen Land« oder an den alten Vermeidungsstrategien ihrer jeweiligen Tradition? Könnte es sein, daß es über Fragen des »Feminismus« am Ende gar zu einem Schisma des »Buddhismus« in alte Ost- und neue West-Kirche kommt? Oder wird auch innerhalb des Theravada schließlich anerkannt werden, was Nyanaponika Mahathera in seiner Grußbotschaft zur Konferenz in Bodhgaya so vermittelnd formulierte[35]:

Diese Konferenz kommt genau zur richtigen Zeit. Wir können heute nicht auf den großen Beitrag buddhistischer Frauen für das Gute in der Welt verzichten und erst recht nicht auf die Entsagung buddhistischer Nonnen, ein Potential, das allzu oft infolge Gleichgültigkeit oder Vorurteilen vernachlässigt oder ignoriert wurde. Eine große und lobenswerte Aufgabe ist es nun, über Wege und Mittel zu beratschlagen, die die Situation aller buddhistischen Nonnen, ihre Ausbildung und ihren geistigen Fortschritt verbessern. Als Theravada-Mönch möchte ich meine volle Unterstützung für dieses wichtige Vorhaben zum Ausdruck bringen und Ihnen dazu viel Erfolg wünschen.

Anstatt über das Thema »weibliche Spiritualität« weiter »herrlich« zu reflektieren, bringe ich im folgenden Auszüge aus zwei Gesprächen mit Frauen, die beide an der Konferenz in Bodhgaya teilgenommen haben und maßgeblich an der (Neu-)Gestaltung des Buddhismus in Deutschland beteiligt sind. Besser als lange analytische Diskurse thematisieren sie die Fragen, um die es engagierten westlichen Frauen heute im Buddhismus geht.

Sylvia Wetzel ist gegenwärtig (1993) Sprecherin des Rates der Deutschen Buddhistischen Union, sie leitete mehrere Jahre lang das von ihr mitgestaltete *Aryatara Institut* und lebt heute in Frankfurt. Einleitend zum Transkript unseres Gesprächs, das wir am 12. 10. 1990 in ihrer Wohnung führten,[36] beschrieb sie sich und ihren Weg so:

Ich wurde 1949 im Schwarzwald geboren und bin gelernte Gymnasiallehrerin für Russisch und Politik. Seit über zwanzig Jahren befasse ich mich mit westlicher Psychologie und Philosophie und seit 1977 mit buddhistischer Psychologie und Lebenshaltung. Ich habe acht Jahre ein tibetisch-buddhistisches Meditations- und Studienzentrum, das *Aryatara Institut*, in Bayern geleitet und dort viele Erfahrungen in der Begleitung und später auch Leitung von Meditationskursen gesammelt. Ich arbeite seit 1984 im Vorstand der Deutschen Buddhistischen Union und bin Redakteurin der buddhistischen Zeitschrift *Lotusblätter*. In meiner meditativen Arbeit erforsche ich den Zusammenhang von Spiritualität und Geschlecht und untersuche innere und äußere Bedingungen – unser Zugang zu unserem Potential, Selbstbilder, die Beziehung zum eigenen und zum anderen Geschlecht, emotionale Strategien und das Verhältnis zum Körper –, die uns daran hindern oder darin unterstützen, als geschlechtliche Wesen, als Frauen und Männer in Freiheit zu leben und einander mit Selbstvertrauen, Offenheit und Wertschätzung zu begegnen. Ich lebe als freie Übersetzerin in Frankfurt, unterrichte Deutsch als Fremdsprache und gebe Meditationskurse, in den letzten Jahren verstärkt für Frauen, im deutschsprachigen Raum.

Im August 1985 wurde Sylvia Wetzel als Nonne ordiniert, als Nonne nahm sie auch an der Frauenkonferenz in Bodhgaya teil und berichtet:

Diese Konferenz im Februar 1987 war wunderbar, aber ich traf dort auch wunderbare Laienfrauen. Wir waren eine schön gemischte Gruppe: alt, jung, Ost, West, ordiniert, nicht ordiniert. Nach der Rückkehr habe ich noch zwei Monate um eine Entscheidung gerungen und dann die Roben dem nächsten Lama, der in unser Haus kam und zu dem ich Vertrauen hatte, zurückgegeben. Irgendwann war es für mich ganz klar, das ist nicht mein Weg; rückblickend gesehen war es natürlich eine wichtige Erfahrung, aber es ist wohl nicht der Weg, der meine besten Qualitäten hervorbringt. Er hat auch sehr unangenehme Eigenschaften zum Vorschein gebracht, nämlich streng und rigide zu werden.

Im weiteren Verlauf unseres Gesprächs kamen wir auf diese Erfahrung noch mehrfach zurück; ihr Konzept weiblicher Spiritualität und Selbstverwirklichung im Rahmen des Buddhismus erläuterte Sylvia Wetzel dabei u. a. so:

Mit der Zeit bemerkte ich dann, daß sehr viele Frauen die Roben nehmen und wieder abgeben, daß viele Frauen das klassische Dhamma-Studium anfingen, brillante Studentinnen waren und nach zwei oder drei Jahren wieder aufhörten. Ich fragte mich oft: Sind diese Methoden für Frauen geeignet? Warum scheint es so zu sein, daß Männer sich in dieser gelehrsamen Tradition der Gelugpa-Schule wohler fühlen als Frauen? Wobei auf der anderen Seite aber immer im Westen Frauen als Meditationslehrerinnen sehr geschätzt werden, besonders von Anfängern, aber auch von älteren Praktizierenden.

Schon ab 1982 fragte ich mich immer wieder: Gehen Frauen einen anderen Weg? Sind die Wege verschieden für Frauen und Männer? Das kam mir anfangs, da es in der Tradition nie so formuliert wird, natürlich sehr ketzerisch vor, und es dauerte eine ganze Weile, bis ich den Mut hatte, diese Frage immer deutlicher zu stellen, und zwar so deutlich, wie ich sie in mir spüre. In dem Sinne hat mein Wegzug von Jägerndorf auch etwas damit zu tun, daß ich nicht mehr Symbol sein wollte für die Gelugpa-Schule des tibetanischen Buddhismus, auch nicht in der Art und Weise, wie Lama Yeshe sie rezipiert hat. Ich wollte den Rücken frei haben für meine eigenen Fragen. Es ist also kein Zufall, daß ich mich hier in Frankfurt viel eindeutiger mit dem Zugang der Frauen zum spirituellen Weg befasse.

Jetzt habe ich den Rücken frei, jetzt bin ich nicht mehr Symbolfigur für eine bestimmte Tradition. Jetzt kann ich Diagnose- und Therapieangebote des Buddhismus genauer untersuchen, und zwar auf das Modell des Menschen hin, an dem sie entwickelt wurden. Und das Modell ist der Mann, scheint mir. Wie auch in allen mir bekannten Religionen und Philosophien. Wenn ich in den buddhistischen Lehren beispielsweise nach Anregungen suche, um mit Enttäuschungen umzugehen, finde ich unter anderem die Stichworte Wut und Ärger. Sie werden vor allem als Energien beschrieben, die sich nach außen richten und Dinge zerstören und Menschen verletzen. Man schlägt vor, sich in andere einzufühlen, die Situation der anderen zu verstehen,

Liebe und Mitgefühl zu entwickeln und den Schaden zu bedenken, den man durch Wut und Ärger anrichtet. Wer Enttäuschungen so verarbeitet, und viele Männer tun das so, wird sicherlich auch mit einigem Erfolg die Lehren anwenden können.

Schaue ich mir jedoch an, wie ich als Frau mit Enttäuschungen umgehe, wie ich sie schnellstmöglich verdränge, immer alles verstehe, keine Türen knalle, niemanden anschreie, sondern mich zurückziehe, plötzlich ganz traurig und kraftlos werde, mich ohnmächtig und wertlos fühle, dann muß ich irgendwann anfangen, diese Erfahrungen ernst zu nehmen; und von dieser Erfahrung ausgehend geeignete Arten und Weisen suchen, mit Enttäuschungen besser umzugehen. Gerade dann, wenn die Lehren davon nicht sprechen. Es steht für mich dann beispielsweise eher an, mein ständiges Überfordertsein wahrzunehmen, überschrittene Grenzen wahrzunehmen, eigene Interessen zu spüren und möglicherweise auch einmal ehrlich zu äußern und danach zu handeln. Dabei ist der Austausch mit anderen praktizierenden Frauen von sehr großer Bedeutung.

Eine wichtige Praxis besteht für mich jetzt darin, Problembeschreibungen und Meditationsanleitungen des Buddhismus, die für mich Bedeutung haben, als Frau anzuschauen. Ich frage mich: Ist diese Beschreibung zutreffend für meine spezifische Art, als Frau mit diesem Problem umzugehen? Trifft sie zu für meine Ego-Strategien, buddhistisch formuliert, oder habe ich andere? Welche? Und ich merke, je genauer ich hinschaue, daß ich als Frau eigentlich immer andere Strategien habe als die in den Lehren beschriebenen. Und häufig auch andere Ziele. Diese Erfahrungen versuche ich im Augenblick wahrzunehmen. Aus diesem Grund mache ich Frauenkurse und tausche mich aus mit anderen Frauen, die schon länger praktizieren.

Wenn die Lehren offen davon sprechen würden, daß es in ihnen um die Verarbeitung der Probleme von Männern geht, dann gäbe es kein Problem. Doch der Buddhismus befindet sich da in bester Gesellschaft. Wenn Hochreligionen und Philosophien vom Menschen sprechen, dann unterschlagen, verdrängen, vergessen sie gerne, daß ihr Modell der Mann ist. Frauen kommen in den Lehren entweder gar nicht vor oder als »minderwertige« Männer oder als bequeme und praktische Ergänzung und das Gegenstück zum Mann. Sie tun und verkörpern da all das, was er zu seiner materiellen, emotionalen und spirituellen Unterstützung braucht.

Bhikkhuni Jampa Tsedroen nahm ebenfalls an der Frauenkonferenz in Bodhgaya teil; mehr noch, sie war an den Vorbereitungsarbeiten maßgeblich beteiligt. Als Vorspann zum Transkript unseres Gesprächs vom 25. 11. 1990 im Tibetischen Zentrum in Hamburg[37] schrieb Jampa Tsedroen über sich:

Geboren 1959, war bis zu ihrer Ordination zur buddhistischen Novizin im Jahre 1981 unter ihrem bürgerlichen Namen Carola Roloff als Arzthilfe beschäftigt. Seit 1980 studiert, arbeitet und praktiziert sie unter der Leitung von Geshe Thubten Ngawang im Tibetischen Zentrum e.V. in Hamburg. Neben der im Jahre 1981 aufgenommenen Vorstandsarbeit ist sie dort seit 1983 auch als Leiterin der Flüchtlingshilfe tätig. 1985 erhielt sie mit Zustimmung S.H. des Dalai Lama in Taiwan die volle Ordination zur buddhistischen Nonne. Seit 1988 arbeitet sie zusätzlich im Stiftungsrat der Hamburger Studienstiftung für Tibetischen Buddhismus. Als Vorstandsmitglied der 1987 ins Leben gerufenen Internationalen Buddhistischen Frauenorganisation *Sakyadhita* und als deren Repräsentantin für Deutschland untersucht sie u.a. Möglichkeiten zur Wiederbelebung bzw. Einrichtung des tibetisch-buddhistischen Nonnenordens.

Was motivierte Carola Roloff, sich zur Nonne ordinieren zu lassen, welche Bedeutung hat der Schritt für sie heute, und wie sieht sie die weitere Entwicklung der Bhikkhuni Sangha im Westen?

Als mich der Geshe damals darauf hinwies, daß es vollordinierte Nonnen nicht gäbe, war ein westlicher Mönch bei dem Gespräch dabei, der für ihn übersetzte. Er berichtete uns, daß es Bestrebungen einiger westlicher Nonnen gäbe, die volle Ordination in die tibetische Tradition einzuführen. Der Geshe und ich waren überrascht, davon zu hören; und ich habe mir eigentlich schon damals vorgenommen, daß ich mich auch dafür einsetzen werde. Ich habe mich aber die ersten zwei Jahre ganz bewußt nicht darum gekümmert, weil ich fand, daß ich mit den Regeln als Novizin erstmal genug zu tun hatte. Ich wollte nicht zu früh anfangen, überhaupt über dieses Thema nachzudenken.

Als der Dalai Lama 1982 das erste Mal hier nach Hamburg kam, hatte mein Lehrer eine Audienz, in der er zum ersten Mal die Frage der vollen Ordination aufwarf. Danach haben wir diese Frage jedes Jahr erneut aufgebracht, denn der Dalai Lama riet mir jedes Jahr, ein Jahr später nochmal nachzufragen, da er seine Recherchen noch nicht abgeschlossen hätte. 1985, als die Kalachakra-Initiation in der Schweiz war, sagte er dann, daß er fände, jetzt sei der richtige Zeitpunkt für mich gekommen, zur Vollordination nach Taiwan oder Amerika zu gehen.

Das erste Interesse war wirklich sehr persönlicher Art; die Frage, inwieweit das für den Westen wichtig ist, kam mir eigentlich erst später.

Für meine Praxis war es einfach wichtig. Ich hatte mich entschieden, Nonne zu werden. Dann ist man Novizin und merkt natürlich irgendwann, daß es jetzt eigentlich weitergehen sollte. Die Mönche gehen ja auch alle weiter und nehmen ihre volle Ordination. Man merkt also auf einmal, für mich geht es nicht weiter – das ist eine etwas unangenehme Erfahrung, denn man möchte ja auch irgendwann die volle Praxis ausüben und fühlt sich mit dem Status als Novizin so auf Lebenszeit vielleicht doch nicht ganz zufrieden. Es wird in den Schriften gesagt, daß es viel heilsamer sei, das Gelübde der vollen Ordination zu haben; der Buddha hat ja den Nonnenorden selbst eingerichtet. Das hat sicherlich einen Sinn gehabt, den man selbst erfahren möchte. Ich habe mich sehr danach gesehnt, diese Ordination nehmen zu können. Das Gelübde ist etwas sehr Kostbares, und ich bin glücklich, es zu haben. Es war schwer zu bekommen, und ich habe eine sehr hohe Wertschätzung für dieses Gelübde.

Jetzt zur Bedeutung für den Westen: Nach den Erfahrungen, die ich über die Jahre mit dem Fehlen der Möglichkeit zur Ordination für Frauen gemacht habe, sind auch feministische Gedanken aufgekommen. Wieso können nur Männer die volle Ordination und damit auch eine Art Priesterweihe nehmen? Warum können es Frauen nicht? Woran liegt das? Der Buddha hat doch konsequent die Gleichheit gelehrt und sogar versucht, das ganze Kastenwesen abzuschaffen. Ebenso hat er einen recht selbständigen Nonnenorden mit eigenem Ordensrecht geschaffen. Die Nonnen sind den Mönchen nicht innerhalb eines Ordens untergeordnet, sondern es sind zwei eigenständige Orden, wobei der später gegründete Nonnenorden unter den Schutz des Männerordens gestellt wurde. Es gibt Regeln für Mönche, es gibt Regeln für Nonnen, und es gibt Regeln über das Miteinander von Mönchsorden und Nonnenorden. Die entsprechende Praxis aber fehlt nicht nur bei uns in der tibetischen Tradition, sondern sie fehlt auch in den Theravada-Ländern. Die einzige Tradition, in der es sie noch gibt, ist die chinesische Überlieferung.

Soziales Engagement

In allen westlichen Ländern und (fast) allen buddhistischen Gruppen wird heute über Formen eines angemessenen sozialen Engagements diskutiert. Die (vermeintliche!) Weltflüchtigkeit des klassischen Heilsmodells soll überwunden werden und statt dessen teilnehmendes Engagement dazu beitragen, leidhafte Strukturen aufzulösen und zu verbessern. Dukkha wird demnach nicht nur als selbstgeschaffen verstanden, sondern als vielfältig mitbedingt durch Prozesse, die außerhalb einer individuell gewirkten Kamma-Konstellation liegen.

So wurde zum Beispiel in Deutschland anläßlich der Gründungsberatungen zur buddhistischen Religionsgemeinschaft unter anderem die Frage diskutiert, ob nicht in Analogie zur Arbeiterwohlfahrt und den karitativen Dachverbänden der Kirchen auch ein buddhistisches Wohlfahrtswerk gestiftet werden solle. Als besonders anregend galt dabei die Arbeit des von Thich Nhat Hanh gegründeten *Tiep-Hien-Ordens* mit seinen vierzehn Regeln weltzugewandten Handelns, wie sie während selbstloser Hilfseinsätze zwischen den Fronten des Vietnamkrieges entwickelt wurden. Inzwischen gibt es in vielen westlichen Ländern, so auch in Deutschland, Freundesgruppen um Thich Nhat Hanh, die in »Tagen der Achtsamkeit« weiterzugeben versuchen, was in den Sommermonaten in Plum Village, dem bei Bordeaux gelegenen Zentrum des Ordens, intensiv geübt wurde.

Ein Kommentar zu den Ordensregeln liegt inzwischen auch in deutscher Sprache vor[38] und muß hier nicht wiederholt werden; statt dessen seien die Fünf Sila angeführt, wie sie von Thich Nhat Hanh für heutige Lebensumstände konkretisiert wurden.

Die *Fünf Sila* in der klassischen Formulierung (*Pali*) und deren neuzeitliche Erweiterung durch Thich Nhat Hanh:

1. *Panatipata veramani sikkhapadam samadiyami.*
Lebendiges umzubringen, will ich mich enthalten.
Dem Leiden bewußt, das durch die Zerstörung von Leben verursacht wird, will ich Mitgefühl entwickeln und Wege finden, um das Leben von Menschen, Tieren und Pflanzen zu bewahren. Ich bin entschlossen, nicht zu töten, andere nicht töten zu lassen und den Akt des Tötens nicht herunterzuspielen – weder in meinem Denken noch Handeln.
2. *Adinnadana veramani sikkhapadam samadiyami.*
Nichtgegebenes zu nehmen, will ich mich enthalten.
Dem Leiden bewußt, das durch Ausbeutung, soziale Ungerechtigkeit, Diebstahl und Unterdrückung verursacht wird, bin ich zur Entwicklung von liebender Güte entschlossen und möchte Wege finden, dem Wohlergehen von Menschen, Tieren und Pflanzen zu dienen. Ich möchte Großzügigkeit praktizieren, indem ich meine Zeit, Energie und materiellen Mittel mit denen teile, die sie brauchen. Ich gelobe, nicht zu stehlen. Ich will den Besitz anderer achten und wann immer möglich andere davon abhalten, sich am menschlichen Leiden oder dem Leiden anderer Spezies zu bereichern.
3. *Kamesu micchacara veramani sikkhapadam samadiyami.*
Unsittlichen Lebenswandel zu führen, will ich mich enthalten.
Dem Leiden bewußt, das durch sexuelles Fehlverhalten verursacht wird, bin ich zur Entwicklung von Verantwortungsgefühl entschlossen und möchte Wege finden, die Sicherheit und Unversehrtheit von Individuen, Paaren, Familien und Gesellschaft zu schützen. Ohne Liebe und eine langfristige Absicht will ich mich nicht in eine sexuelle Be-

ziehung begeben. Ich bin zur Achtung gegenüber meinen Versprechen und denen der anderen entschlossen, um mein Glück und das der anderen zu erhalten. Alles in meiner Macht Stehende will ich tun, um Kinder vor sexuellem Mißbrauch zu schützen und um zu verhindern, daß Paare und Familien durch sexuelles Fehlverhalten auseinanderbrechen.

4. *Musavada veramani sikkhapadam samadiyami.*
Falsche Reden zu führen, will ich mich enthalten.
Dem Leiden bewußt, das durch unachtsame Rede und der Unfähigkeit, anderen zuzuhören, verursacht wird, bin ich zur Entwicklung von liebevoller Rede und ungeteiltem Zuhören entschlossen. Damit will ich meinen Mitmenschen Freude bereiten und ihr Leiden lindern. Wissend, daß Worte Glück oder aber auch Leiden verursachen können, will ich mich bemühen, im Einklang mit der Wahrheit zu sprechen und Worte zu gebrauchen, die Selbstvertrauen, Freude und Hoffnung wecken. Ich werde keine Informationen verbreiten, für deren Richtigkeit ich mich nicht verbürgen kann, und nicht Dinge kritisieren oder verurteilen, deren ich mir nicht sicher bin. Ich werde Äußerungen unterlassen, die Uneinigkeit oder Spaltung verursachen oder bewirken könnten, daß Familien oder Gruppen auseinanderbrechen. Ich werde stets bemüht sein, zu versöhnen und Konflikte zu lösen – seien sie auch noch so klein.

5. *Sura-meraya-majja-pamada-tthana veramani sikkhapadam samadiyami.*
Berauschende Mittel zu nehmen, will ich mich enthalten.
Dem Leiden bewußt, das durch unachtsamen Konsum verursacht wird, bin ich entschlossen, auf körperliche und geistige Gesundheit meiner selbst, meiner Familie und meiner Gesellschaft zu achten, indem ich mich in achtsamem Essen, Trinken und Konsumieren übe. Ich will nur Dinge zu mir nehmen, die Friede, Wohlergehen und Freude in meinem Körper und Bewußtsein fördern. Ich bin entschlossen,

keinen Alkohol und andere Mittel einzunehmen, die meine Praxis behindern, wie z.B. bestimmte Fernsehsendungen, Zeitschriften, Filme und Unterhaltungen. Ich bin mir bewußt, daß es einen Verrat an meinen Vorfahren, Eltern und den zukünftigen Generationen bedeutet, wenn ich durch diese Gifte den Körper und das Bewußtsein schädige. Ich will an der Umwandlung von Gewaltsamkeit, Furcht, Wut und Verwirrung in mir selbst und in der Gesellschaft arbeiten, indem ich ein maßvolles Leben zum Wohle aller führe. Ich erkenne, daß dies für die Transformation der eigenen Person und der Gesellschaft unumgänglich ist.

Wie aber kann man über »die Transformation der eigenen Person« die unumgänglichen Veränderungen »der Gesellschaft« bewirken? Wo soll man ansetzen, an welchen Strukturen zu arbeiten beginnen, um die während einer Übungswoche erlangten Einsichten recht umzusetzen?

Wie bringt man es fertig, gegen den bekannten Ernüchterungseffekt anzusteuern, wenn die alltäglichen Verhältnisse (noch!) nicht so sind, wie sie eigentlich sein sollten, um zu schützen und zu pflegen, was im Retreat ansatzweise erkannt worden ist und sich umsetzen möchte?

Gewiß, alle Hindernisse sind herausfordernde Freunde der Praxis; dennoch ist ein stützendes Milieu gerade auf den ersten Etappen des Weges oft notwendig. Wie läßt es sich fördern? Zwei Beispiele mögen deutlich machen, was dazu auch außerhalb von Seminaren und Bildungsstätten inzwischen versucht wird:

Die Zen-Gemeinschaft *Mumon-Kai* (»Gemeinschaft ohne Tor«)[39] betreibt seit einigen Jahren in guter (West-) Berliner Lage ein vegetarisches Restaurant (»Hakuin«). Es wird so achtsam geführt, daß selbst kulinarische Führer schon darüber berichtet haben. Der profitable Betrieb beschäftigt Mitglieder der Gemeinschaft, ermöglicht ihnen ein gewisses Maß an rechter Selbstbestimmung und Lebensführung auch am Arbeitsplatz und hilft überdies, Botschaften zu vermitteln. Hinweise für Tibet liegen zum Beispiel aus, über Veranstaltungen der Gemeinschaft und ihrer verschiedenen Gruppen auch außerhalb Berlins wird informiert. Dies alles aber nicht im bekannten Stil seelsorgerischer Bemühtheit, sondern als dezente Hinweise für jene, die Augen nicht nur für Speise- und Getränkekarte haben.

Die *Freunde des westlichen Buddhistischen Ordens* (FWBO)[40] sind ein Beispiel für gemeinsame Lebenspraxis in kleineren Wohngemeinschaften. Ausgehend von der Überlegung, daß unser Bewußtsein nicht unabhängig von den Bedingungen ist, unter denen wir leben, werden nachbarschaftliche Inseln des Dhamma angestrebt, die als Wohneinheiten rechte Zuflucht gewähren und zu Ansatzpunkten für weitere ökonomische oder »propagandistische« Untereinheiten werden können. In einer Selbstbeschreibung heißt es dazu:

Bei den FWBO wurden bisher Wohngemeinschaften, Kooperativen und Zentren zu wesentlichen Kristallisationspunkten für die Herausbildung neuer Lebensformen, die in erster Linie der Ermöglichung und Förderung des individuellen Wachstums dienen. In den Wohngemeinschaften leben Angehörige des Ordens und Freunde in einer Weise zusammen, die jeden einzelnen ermutigt, anregt und herausfordert, immer wieder über sich hinauszuwachsen. Meistens leben Frauen und Männer getrennt, um eingeschliffene Verhaltensweisen von wechselseitiger Projektion und Abhängigkeit abzubauen, die so oft eine geistige Reifung erschweren oder verhindern.

Also: »Geht nicht nach Hörensagen«, sondern seht selbst (zum Beispiel in Essen in der Herkulesstraße 13), wie für die dort wohnenden Freunde des FWBO der Weg beim Gehen entsteht.

Die sogenannte Gaia-Hypothese begreift das uns bekannte Ökosystem als einen lebendigen Organismus und nimmt an, daß die Erde ein intelligentes Lebewesen ist, das sich selbst steuern und seine Umsetzungsprozesse systemgerecht optimieren kann. Im Unterschied zu konventionellen ökologischen Bilanzierungen wird davon ausgegangen, daß die Steuerungsintelligenz von Gaia weitaus komplexer und langfristiger funktioniert, als die einfachen Ursache-Wirkungsketten herkömmlicher Nutzungs- und Verschmutzungskalküle unterstellen.

Buddhistische Kreise sehen in der Gaia-Hypothese eine Bestätigung von Grundannahmen einer Weltsicht, wie sie im zwölffachen Satz über das »Bedingte Entstehen in Abhängigkeit« schon vor mehr als zweitausendfünfhundert Jahren formuliert wurden. Doch nicht nur das: *Dharma Gaia* ist für viele zeitgenössische Buddhisten auch ein Aufruf zu mitweltlich engagiertem Handeln im Sinne einer ganzheitlichen Ökologie. So lesen wir im Vorwort des Dalai Lama zu dem gleichnamigen Buch[41], in dem Essays von bekannten Buddhisten wie Joanna Macy, Thich Nhat Hanh und Gary Snyder sowie von Ökologen zusammengefaßt sind:

Vom Buddha inspiriert, vom Dharma (Dhamma) geführt und von der Sangha als der großen Gemeinschaft aller Praktizierenden und Gleichgesinnten unterstützt, sind wir auf dem Weg zu einer ausgewogenen Lebensweise mit uns selbst, mit allen anderen Lebensformen und mit unserer wahren Mutter, der Erde. Die Ökologen und die Buddhisten dieses Bandes anerkennen, daß unsere Umweltprobleme in einer spirituellen Krise gründen. Wir scheinen umeinandergeworfen in den Strudeln der Dualitäten: eigenes Leben auf der einen und das aller anderen Lebensformen des Planeten auf der anderen Seite; Geist gegen Körper und

Maskulin gegen Feminin. Diese Essays machen die Dringlichkeit klar, unsere tieferen Kräfte einsichtsvollerer Wahrnehmung wieder freizulegen. Wir sind herausgefordert, mit unserem Intellekt, mit dem Herzen und mit jedem einzelnen Molekül unseres Wesens die scheinbar paradoxe Tatsache zu begreifen, daß wir zwar grundsätzlich verschieden von allen anderen Daseinsformen, gleichzeitig aber auch mit ihnen allen sowie dem gesamten lebenden Kosmos zuinnerst verbunden sind.

Ganz in diesem Sinne hat sich zum Beispiel in Berlin ein *Förderverein Gaia-Sangha e. V.* gebildet, eine »Buddhistische Gemeinschaft für die ökologische, solidarische, gewaltfreie Welt«. In einem Rundbrief vom März 1992 beschreiben die Initiatoren ihre Sangha und deren Aufgabenstellung u. a. so:

Ausgangspunkt unserer Initiative ist die Einsicht, daß Buddhismus nicht als Weg zum privaten Glück und zur individuellen Erleuchtung praktiziert werden kann. Buddhismus ist auch kein Ausstieg aus der Wirklichkeit und kein Weg, die Welt sich selbst zu überlassen. In diesem Sinne soll die *Gaia-Sangha* die Praxis traditioneller buddhistischer Vereinigungen in Richtung auf ein ganzheitliches Wirken erweitern und ergänzen. Sie ist deshalb keine traditionelle Lehrer-Schüler-Vereinigung, sondern eine aufgabenorientierte Arbeitsgemeinschaft. Daher gibt es auch keine Bindung an eine spezielle buddhistische Tradition, eine Schule oder einen bestimmten Lehrer. Im Gegenteil legen wir Wert darauf, daß möglichst alle »Fahrzeuge« daran beteiligt sind.

Besonders einflußreich in buddhistisch-ökologischen Kreisen ist die amerikanische Hochschullehrerin Joana Macy. Sie bietet auch in Deutschland »tiefenökologische

Seminare« an, auf denen sie ihre »Shambhala-Krieger« lehren will, »durch Einsicht in das Verbundensein mit allen Wesen und das große Mitfühlen« ihre Rolle als Menschen in Gaias selbstorganisierenden Systemen mit neuem Vertrauen und mehr Liebe zu spielen. In ihrem kürzlich erschienenen Buch *World as Lover, World as Self* (mit einem Vorwort von Thich Nhat Hanh) schreibt sie im einleitenden Titelaufsatz[42]:

Wir sind unsere Welt, die sich selbst erkennt. Wir können unsere Getrenntheit aufgeben. Wir können wieder heimkommen und an unserer Welt in einer ungleich viel reichhaltigeren, verantwortungsbewußteren und schöneren Weise teilhaben als jemals vordem. Wegen der langen Reise, die wir unternommen haben, um uns von der Welt zu entfernen, ist sie nicht mehr undifferenziert von uns. Sie kann uns jetzt sowohl als Selbst als auch als Liebhaber erscheinen (*It can appear to us now both as self and as lover*). Indem wir uns dieser unserer Welt mit allen Möglichkeiten unseres Seins zuwenden, erfahren wir ihre beiden Qualitäten. (...) Es ist nicht unser Schicksal, sie aufgrund der Begierden eines getrennten Ego und mit den Technologien, die es entwickelt hat, zu zerstören. Wir können aufwachen, um zu erkennen, wer wir wirklich sind, und die Wasser des Rheins wieder klar fließen lassen – mit grünen Bäumen an seinen Ufern.

So verständlich dieses Engagement »zur Heilung von Mutter Erde« auch sein mag, signalisiert es am Ende nicht doch wieder ein verkürztes Verständnis der von Buddha empfohlenen Praxis »zur Läuterung der Wesen« und »zur Überwindung von Kummer und Klage« hinsichtlich der Welt? Gewiß, auch ihm waren schattige Wälder und »der Fuß eines Baumes« willkommene Zufluchtsstätten »zur Gewinnung der rechten Methode«. Kann daraus aber abgeleitet werden, daß er sich heute etwa dem *Chipko-Movement* anschließen und zur Rettung der letzten nordindischen Hochwaldbestände an einem Baum fesseln lassen würde?

In *Urart*, der ersten Lehrrede der Mittleren Sammlung des Pali-Kanon, legte Buddha seinen Schülern »die Wurzeln aller Dinge« einmal so dar:

Wenn ein unbelehrter Mensch, der die Lehre nicht kennt, Festes wahrnimmt, dann denkt er darüber nach, denkt, es gehöre ihm, und findet Gefallen daran; und zwar deshalb, weil er es nicht durchschaut, sage ich. Wenn er Flüssiges, Warmes, Luftartiges wahrnimmt, dann denkt er darüber nach, denkt, es gehöre ihm, und findet Gefallen daran, und zwar deshalb, weil er es nicht durchschaut, sage ich.

Das Feste und das Flüssige, das Hitze- und das Windelement sind nach buddhistischer Lehre die für alle natürlichen Erscheinungsformen unumgänglichen Grundlagen. Sich jedoch mit dem andauernden Werden und Vergehen ihrer Manifestationen zu identifizieren (Gaia = unsere Mutter Erde) oder sie als persönliches beziehungsweise nationales Eigentum zu beschlagnahmen (unsere Bodenschätze und Ressourcen) – beides sind leidstiftende Anschauungen, die nicht helfen, die Wasser der Wohl- und Wehegefühle zu transzendieren. Bildlich gesprochen kann also auch das Floß einer buddhistisch inspirierten Ökologie zur grünen Fähre werden, die ihre Passagiere zu immer aufwendigeren Wartungsarbeiten verpflichtet, anstatt sie zum Weitergehen anzulanden.

Tieferes Wissen um ökologische Zusammenhänge kann also ein zeitgemäßes Mittel sein, um Menschen aus ihrer selbstsüchtigen Isolation zu befreien und hinzuführen zu einer offeneren Seinsweise des Interesse (vgl. Seite 59 und 104). Das wird für viele Prozesse des bedingten Entstehens

Mitweltmodell

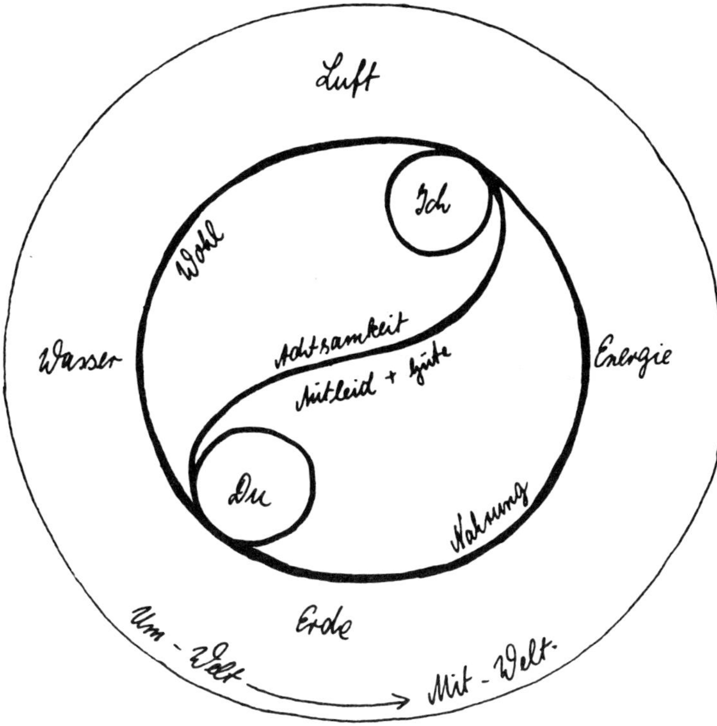

Übungsanleitung

Man versuche, ein Mitwesen zu visualisieren und eine gütig-mitleidsvolle »Ich-Du«-Beziehung zu ihm herzustellen, indem man das Yin-Yang-Symbol in einem Zug zu zeichnen sich übt. Dabei setzt man in der unteren Hälfte des »Ich«-Kreises an, gelangt mit »Achtsamkeit« zum »Du«-Kreis und endet, auslaufend von dort, in dem für »Du-Ich« gemeinsamen Kreis(lauf) von Nahrungs- und Wohlsuche.

auf dieser Erde gewiß heilsam sein; doch vermittelt Dhamma letztlich keine Rezepte zur Verbesserung der Welt, sondern will freimachen vom leidenschaftlichen Haften an ihren ewigen Prozessen des Werdens und Vergehens.

Zusammenfassung: Baupläne für ein neues Fahrzeug?

Wie also wird der »Buddhismus im Westen« sich einmal ausprägen? Wie wird das neue »Buddhayana« schließlich aussehen, an dem sich so viele Praktiker heute versuchen? Wird es am Ende ein integriertes, grünes und von sozial engagierten Frauen gesteuertes Fahrzeug werden, dessen Fahrpläne demokratisch abgestimmt wurden?

Ganz gewiß werden sich die äußeren Formen des »Buddhismus« in vielerlei Hinsicht anpassen an die besonderen Gegebenheiten der neuen westlichen Länder; die Essenz der Lehre wird davon jedoch genauso unberührt bleiben, wie sie auch in der spezifischen Form des Zen oder der tibetischen Praxis noch erhalten ist. Im übrigen aber bin ich der Meinung, daß sich über Baupläne zwar trefflich diskutieren läßt, letztlich aber die Fahreigenschaften über die Qualität der verschiedenen Entwürfe entscheiden sollten. Ngakpa Chögyam Rimpoche, ein »westlicher Lama«, hat das in einem Interview sehr deutlich so artikuliert[43]:

Ich habe mich nie für das Konzept eines »spirituellen Eintopfs« begeistern können, der aus den äußeren Formen unterschiedlicher Religionen zusammengekocht wird; und ebenso lehne ich die Idee ab, die verschiedenen buddhistischen Pfade auf dieser Basis miteinander zu verbinden.

Man muß zunächst einmal die Essenz verwirklichen. Ist dies jemand gelungen, dann wird seine Präsentation der Lehre drei wichtige Faktoren berücksichtigen: die Zeit, den Ort und die Voraussetzungen derjenigen, an die sie sich wendet. Einen feststehenden Lehrplan für alle Menschen kann es nicht geben – Methode und Belehrung müssen auf den einzelnen Menschen abgestimmt sein.

Alles, was außerhalb des Spektrums der persönlichen Erfahrung gelehrt wird, erstarrt zum Dogma und wird zu einer Form von religiösem Glauben. Ich bin in dieser Hinsicht ein wenig »fundamentalistisch« veranlagt. Der Buddha hat nämlich immer wieder darauf hingewiesen, daß seine Anhänger das, was er sagte, nicht auf Treu und Glauben annehmen sollten.

Die kulturellen Aspekte der Übung, die der Erfahrung echter Veränderung in uns selbst im Wege stehen, bewirken nichts weiter, als daß sie die Menschen in ein buddhistisches Museum einsperren.

Wenn Menschen sich nicht in der Lage fühlen, ihre Anhaftung an vertraute Formen loszuwerden, bezeichnen sie neue Ausdrucksformen als Häresie. Die Idee der Häresie entsteht durch Angst. Wer Vertrauen in den Pfad setzt, dem er folgt, kann sich nicht durch Unterschiede in der Herangehensweise und in der sprachlichen Präsentation bedroht fühlen. Wer die Essenz kennt, kann die Essenz durch die äußere Form hindurch sehen.

Ein neues Fahrzeug kann nicht herbeigeredet, es muß verwirklicht werden. Dazu gehören Menschen, die durch ihre schlichte Soheit die befreiende Botschaft des Erwachens manifestieren und die in der Lage sind, sich jeweils so zu artikulieren, wie es besondere Umstände und Hörgewohnheiten erfordern. Mit anderen Worten: Die Veränderungen am Aufbau des Fahrzeugs sind das Ergebnis eines Dialogs zwischen Lehrenden und Nachfragenden, die letztendlich immer nur selber sehen und aufnehmen können, was Buddha als zeitlose Einsicht über »die Bedingtheiten des Wandels« erklärt hat.

Diese Einsicht ist so wenig »östlich«, wie die als Radiowellen bezeichneten Phänomene zur »unsichtbaren« Übermittlung von Nachrichten »westlich« sind. Insofern hat es keine allzu große Bedeutung, wie schlicht oder bunt das Fahrzeug am Ende geraten mag, solange es auf dem bewährten Chassis fest verankert bleibt. Die »reine Lehre« hat bislang immer wieder ausgeschieden, was nicht zu ihr gehörte; auf diese in Jahrhunderten bewährte Reinigungskraft des Dhamma ist also auch in Zukunft Verlaß!

Alles kehrt zum Einen zurück (Kalligraphie von Tetsuo Nagaya Kiichi Roshi)

Teil III

Hinweise zum Selbergehen

Prinz Siddhatta hatte alles, was man(n) zum Leben braucht: Geld, Macht, Prestige, eine liebevolle Gattin und mancherlei lustige Zerstreuungen noch dazu. Dennoch, vielleicht auch gerade deswegen, kam da ein Punkt, wo das nicht mehr befriedigte, wo er sich enttäuscht vom Leben im Palast abwandte und auf den Weg machte, um weiterreichende Antworten zu finden, als Höflinge und Brahmanen ihm geben konnten.

Enttäuschungen folgten dann aber auch außerhalb der üblichen Lebensformen und etablierten Sinnstiftungen bei »alternativen Lehrern« und in ihren Schulen. Daraufhin zog sich Siddhatta aus der Welt der Worte zurück und wandte sich den vermeintlichen Fesseln der eigenen Körperlichkeit und ausdauernden Versuchen zu, durch erbarmungslose Marterungen des Fleisches den Geist von weltlich-sinnlichen Verhaftungen zu befreien, bis er auch dies als eine untaugliche Sackgasse erkannte. Schließlich machte er den eindrucksvollen (letzten) Versuch, einen mittleren Weg zwischen den Extremen von Weltrausch und Weltflucht zu finden. So wurde Siddhatta zu einem Vollkommenen und aus eigener Kraft Erwachten.

Der Weg vom Prinzen zum *Buddha* war zwar der Weg eines einzelnen Menschen, doch blieb er keineswegs einmalig. Wie sich sehr bald schon erwies, ließen sich die befreienden Grundeinsichten des *Dhamma* zu Handlungsanweisungen eines *Magga* derart verallgemeinern, daß auch andere (*Sangha*) den Weg, den der Erwachte gewiesen hatte, gehen und den gleichen Zustand der Befreiung realisieren konnten.

Was bedeutet das heute? Wie können Menschen, die vom Leben in glitzernden Konsumkäfigen nicht mehr gefesselt sein wollen, die den zeitgenössischen Brahmanen und ihren Dogmen nicht mehr glauben können und auch vom Infotainment lange schon genug haben, wie also können die vielen derart Enttäuschten heute zur Lehre finden, ohne festgehalten zu werden? Wer weist ihnen einen befreienden Weg, ohne daraus ein Geschäft zu machen? Wo wird nachhaltiges Vertrauen in die eigenen Fähigkeiten zum Selbergehen vermittelt, so daß Weggemeinschaften von Gleichgesinnten sich fast wie von selbst ergeben?

Zu dieser Art des immer emanzipierteren Selbergehens wollen die folgenden Hinweise einladen. Sie vermitteln Informationen für einen Aufbruch, dessen Ziel das Weitergehen ist; sie geben Bauanleitungen für ein Floß, das zum Übersetzen tauglich, doch nicht zum Verweilen gedacht ist.

Zunächst werden über Hinweise zum Aufbau einer kleinen Handbibliothek *Wege zum rechten Wissen* gewiesen.

Darauf folgen Ratschläge zur *Übung der rechten Methode:* Wo können Interessierte ein meditatives buddhistisches Milieu kennenlernen, ohne sich gleich einer bestimmten Schule verpflichtet zu fühlen?

Wie lassen sich meditative Methoden und heilsames Wissen dann in die *alltägliche Praxis* umsetzen? Welche Ratschläge können gerade für die erste Wegstrecke gegeben werden, auf der sich besonders deutsche Anfänger meist überfordern, weil sie den mittleren Weg, wenn schon, dann aber auch richtig und im korrekten Stechschritt gehen wollen.

Abschließend wird dann noch der Versuch unternommen, mit einigen persönlichen Beobachtungen zum Aufenthalt auf der Intensivstation eines einwöchigen Sesshin oder Retreat zu verführen: *Sieben Tage, was liegt daran*?

Wege zum rechten Wissen

Auch für professionelle Beobachter ist der buddhistische Buchmarkt fast nicht mehr übersehbar. Offenbar hat das Interesse am »Buddhismus« inzwischen so zugenommen, daß die Verlage immer wieder neue Publikationen (wie zum Beispiel auch diese hier) riskieren können. Gemäß der Konzeption dieses Buches gebe ich im folgenden nicht etwa einen Überblick über das »buddhistische Schrifttum«, sondern weise auf wenige Titel hin, die vollauf genügen, um mit der ursprünglichen Lehre bekannt zu machen und »selbst«sichere Unwissenheit aufzubrechen. Es folgen dann Informationen für den ersten Einstieg in die verschiedenen Fahrzeuge, wie sie sich im Zuge der Ausbreitung des Dhamma später entwickelt haben und heute zu beobachten sind.

Abschließend folgen dann noch einige Hinweise auf grundlegende Literatur zur meditativen Praxis sowie auf Erlebnisberichte, die deutlich machen, welche neuen Perspektiven sich auf dem Weg ergeben (können).

Eine systematische Auswahl von Grundaussagen zur Lehre finden wir in den folgenden beiden, von dem deutschen Mönchsgelehrten Nyanatiloka (vgl. Seite 140) zusammengestellten Bänden:

Das Wort des Buddha.
Eine systematische Übersicht der Lehre des Buddha in seinen eigenen Worten.
Ausgewählt, übersetzt und erläutert von Nyanatiloka.
Konstanz: Verlag Christiani, 1978
(4. rev. Auflage)

Der Weg zur Erlösung.
In den Worten der buddhistischen Urschriften.

Ausgewählt, übersetzt und erläutert von
Nyanatiloka.
Konstanz: Verlag Christiani, 1956

Wer das Dhamma nicht nur in systematisierender Übersicht, sondern auch über ganze Lehrreden in der »klassischen Übersetzung« von Karl Eugen Neumann kennenlernen möchte, dem sei empfohlen:

Reden Gotama Buddhas aus der Mittleren Sammlung.
Ausgewählt und erläutert von Hellmuth Hecker
Übertragen von Karl Eugen Neumann.
München: Piper, 1987

Eine Sammlung von zentralen Lehrreden aus den verschiedenen »Körben« des Pali-Kanons liegt vor in:

Gautama Buddha
Die vier edlen Wahrheiten.
Texte des ursprünglichen Buddhismus.
Herausgegeben und übertragen von Klaus Mylius,
München: Deutscher Taschenbuch Verlag, 1985

Soweit die »Primär-Literatur«; um sie besser verstehen zu können, ist eine anschauliche und detaillierte Lebensbeschreibung des Buddha wichtig:

Hans Wolfgang Schumann
Der historische Buddha.
Köln: Diederichs, 1982

Einen ersten Eindruck von der dynamischen Vielfalt der buddhistischen Lehre und ihrer weiteren Ausfaltung in verschiedene Schulen vermittelt:

Hans Wolfgang Schumann
Buddhismus. Stifter, Schulen und Systeme.
Freiburg: Walter Verlag, 1976

Detaillierter in die Hauptschulen des Mahayana und Vajrayana sowie die jeweiligen Eigentümlichkeiten ihrer Ausprägung in den einzelnen Ländern Asiens führen die Beiträge in *Die Welt des Buddhismus* ein. Von diesem Buch gibt es inzwischen auch eine Taschenbuchausgabe. Dennoch sei auf die (nicht billige) Originalausgabe verwiesen, weil die vielen Illustrationen samt Kommentaren dazu allein schon eine Einführung in die bunte Welt des Buddhismus sind:

Die Welt des Buddhismus.
Herausgegeben von Heinz Bechert und
Richard Gombrich.
München: Beck, 1984

Ergänzend dazu ist als Komplettierung der »Handbibliothek« noch ein Lexikon zu empfehlen:

Das Lexikon des Buddhismus.
Die große Weltreligion von A bis Z.
München: O. W. Barth, 1992

Wer nicht nur freundlich-distanzierte Werkbeschreibungen, sondern auch Zeugenaussagen aus der Fahrpraxis zur Kenntnis nehmen will, ist mit den folgenden Hinweisen auf je zwei Titel zum Mahayana- und zum Vajrayana-Fahrzeug ganz gewiß geraume Zeit beschäftigt:

Die drei Pfeiler des Zen.
Lehre – Übung – Erleuchtung.
Herausgegeben und kommentiert von

Philip Kapleau.
München: O. W. Barth Verlag, 1981 (5. Aufl.)

Tagebuch eines Zen-Lehrlings.
Zeichnungen und Text von Sato Giei.
Eingeführt von Takashi Seiko Hirata.
Pfullingen: Günther Neske Verlag, 1988

Dalai Lama
Das Auge der Weisheit, Grundzüge der buddhistischen Lehre für den westlichen Leser.
München: O. W. Barth Verlag, 1975

Lama Anagarika Govinda
Grundlagen tibetischer Mystik.
Nach den esoterischen Grundlagen des Großen Mantra Om Mani Padme Hum.
Zürich/Stuttgart: Rascher Verlag, 1956

Weitere Hinweise auch auf neuere Titel aus den und über die einzelnen Schulen finden sich in Doppelheft 1/2 (1992) der *Lotusblätter. Zeitschrift für Buddhismus* über »Buddhistische Literatur«.

Genauso wichtig wie derartige Beschreibungen »über die« sind ganz gewiß aber auch Berichte »aus der« Praxis. Genau wie die Lebensgeschichte des zum Buddha geläuterten Prinzen Anregungen für den eigenen Weg und Hinweise auf die Bedingtheiten der eigenen Biographie geben kann, können auch Berichte von Zeitgenossen helfen, die besondere Bedeutung der Markierungen für den eigenen Weg genauer auszumachen. In diesem Sinne seien die folgenden Titel genannt:

Eckart Kroneberg
Buddha, Berlin-Wilmersdorf.

Annäherungsversuche an den Vollerwachten.
Frankfurt: Fischer Taschenbuch, 1980

Zwar ist das Buch seit einigen Jahren vergriffen, doch antiquarisch hier und da noch zu haben; und wer weiß, vielleicht ist ja bald eine Neuauflage erhältlich. Eckart Kroneberg, der Ausbildung nach evangelischer Pfarrer, berichtet darin über seine Zeit als Mönch in einem Kloster auf Sri Lanka und über die Erfahrungen, die er beim Wiedereintauchen in die Wilmersdorfer Welt dann gemacht hat. Was hatte sich bei ihm verändert, wie konnte das im Kloster als heilsam Erfahrene in die westliche Alltagspraxis überführt werden?

Timothy Ward
Wovon Buddha nichts erzählte.
Stolpersteine auf dem Pfad zur Erleuchtung.
München: Goldmann, 1992

Timothy Ward ist der Typ des akademisch vorgebildeten Rucksack-Touristen, der sich auf Zeit in ein Kloster im Nordosten Thailands begab um »etwas zu lernen«. Das Kloster ist das von Ajahn Chah (vgl. Seite 100 f.) begründete *Wat Pah Nanachat*, in dem vor allem westliche Mönche leben. Versteht man das Buch richtig zu lesen und bedenkt man immer wieder, daß wir alle ja meistens nur Protokollsätze über eigene Zuständlichkeiten zu Papier bringen, dann kann es wichtige Hinweise für all jene enthalten, die meinen, ins Kloster gehen zu müssen, um dort wirklich richtig »meditieren« zu können. Die Konfrontation mit dem eigenen Affen-Geist halten die wenigsten lange genug aus, um das zu erfahren, was sich nach einigen Jahren geregelter Disziplin als reine Sammlung anzudeuten beginnt. Auch Timothy Ward packte nach kurzen drei Monaten wieder seinen Rucksack.

Ähnlich enttäuschend-hilfreich können auch die beiden Berichte von Janwillem van de Wetering sein, der zwar über ein Jahr in einem japanischen Zen-Kloster lebte, am Ende aber doch aufgab. Wie sich bei einem längeren Aufenthalt in einer amerikanischen Zen-Gemeinde später dann allerdings herausstellte, war die Zeit nicht umsonst gewesen:

Janwillem van de Wetering
Der leere Spiegel. Erfahrungen in einem japanischen Zen-Kloster.
Reinbek: Rowohlt Taschenbuch Verlag, 1981

Ders., *Ein Blick ins Nichts. Erfahrungen in einer amerikanischen Zen-Gemeinde.*
Reinbek: Rowohlt Taschenbuch, 1985

Am Ende noch zwei Hinweise auf Titel, in denen die Umwelt des Vajrayana deutlich wird und die uns verstehen helfen, warum es gerade in den Hochlagen des Himalaja zur Ausbildung von Übungsformen und Praktiken kommen konnte, die manchem »klassischen Buddhisten« etwas »schamanistisch« vorkommen. Wer sich allerdings der besonderen Herausforderung von Hochtouren (es muß nicht gleich der Himalaja sein, die Alpen haben auch schöne Übungswege zu bieten!) stellt, der wird erfahren können, welch neue Dynamik einem in der Höhe zuwächst. Sie kann das Dhamma in einem ganz neuen Licht erscheinen lassen und in einem Maße beflügeln, wie das »bei denen da unten im Tal« nie für möglich gehalten wird:

Lama Anagarika Govinda
Der Weg der weißen Wolken.
Erlebnisse eines buddhistischen Pilgers in Tibet.
Zürich: Rascher, 1969

Peter Matthiessen
Auf der Spur des Schnee-Leoparden.
Die Reise in ein vergessenes Land – eine Expedition in Grenzbereiche der Erfahrung.
Knaur Taschenbuch, o. Jg.

Läßt sich »die Reise nach innen« überhaupt beschreiben? Kann die Schildkröte dem Fisch vermitteln, was es heißt, »bodenständig« zu sein? Immerhin ist sie auch im Fischwasser zu Hause, so mag es gehen.

Nyanaponika
Geistestraining durch Achtsamkeit.
Die buddhistische Satipatthana-Methode.
Konstanz: Verlag Christiani, 1975.

In der Laudatio der Deutschen Morgenländischen Gesellschaft[44], die Nyanaponika – wie auch schon seinen Lehrer Nyanatiloka – 1978 zum Ehrenmitglied wählte, heißt es über dieses Buch, das inzwischen in viele Sprachen übersetzt worden ist: »Seine Werke zur Satipatthana-Übung eröffnen dem Indologen und Religionswissenschaftler ebenso wie dem an buddhistischer Geistigkeit interessierten Lesepublikum einen zuverlässigen Zugang zum Wesen dieser für die buddhistische Spiritualität grundlegenden Meditationsübung, deren Propädeutik Nyanaponika den Umständen des heutigen Lesers entsprechend mit Erfolg anzupassen versucht hat.«

Im Anhang zum Text ist außerdem »Die Größere Lehrrede von den Grundlagen der Achtsamkeit« (D 22: *Maha Satipatthana Sutta*) abgedruckt, so daß Übende direkten Zugang zum Originaltext des »einzigen Weges zur Befreiung« haben (vgl. Seite 86f.). Ergänzend dazu gibt es dann noch eine systematische Sammlung von Zitaten zum Übungsweg aus anderen Lehrreden:

Der einzige Weg.
Buddhistische Texte zur Geistesschulung in rechter Achtsamkeit.
Aus dem Pali und Sanskrit übersetzt und erläutert von Nyanaponika.
Konstanz: Verlag Christiani, 1956

Einen Kommentar aus mahayanistischer Sicht zur kürzeren Lehrrede über die Grundlagen der Achtsamkeit (M 10) hat kürzlich Thich Nhat Hanh vorgelegt:

Thich Nhat Hanh
Umarme deine Wut. Sutra der Vier Verankerungen der Achtsamkeit.
Zürich/München: Theseus Verlag, 1992

Direkte Hinweise für die »Umsetzung« meditativer Einsichten in die Alltagspraxis vermittelt ein Buch, das aus der direkten Arbeit in Meditationskursen entstanden ist und viele praktische Übungsaufgaben enthält:

Joseph Goldstein/Jack Kornfield
Einsicht durch Meditation.
Die Achtsamkeit des Herzens – Buddhistische Einsichts-Meditation für westliche Menschen.
Mit einem Vorwort des Dalai Lama.
München: Scherz Verlag, 1991 (3. Aufl.)

Last not least der Hinweis auf einen Titel, der im Moment leider vergriffen ist:

Mirko Fryba
Anleitung zum Glücklichsein. Die Psychologie des Abhidhamma.
Freiburg: Bauer, 1987

Mirko Fryba ist promovierter Psychologe und hat sich nach seinem Studium unter Anleitung von Nyanaponika Mahathera mehrere Jahre lang intensiv in die emanzipatorischen Strategien buddhistischer Psychenlehre (*Abhidhamma*) eingearbeitet. Die amerikanische Übersetzung des Buches (*The Art of Happiness. Teachings of Buddhist Psychology*, 1989) stand bei Shambhala 1990 auf der Bestsellerliste.

Dreiundzwanzig Empfehlungen, ist das nicht fast schon wieder abschreckend? Das soll diese Liste nicht sein, sie ist vielmehr als erste Orientierungshilfe und als Hinweis für jene gedacht, die sich durch die Flut buddhistischer Publikationen verwirrt fühlen und wissen möchten, wo sie überhaupt anfangen könnten.

Weil der buddhistische Weg in die drei Teile von Wissen, Praxis und Methode gegliedert ist, sollten hier Hinweise auf Texte gegeben werden, auf die ernsthaft Übende beim eigenen Gehen früher oder später auch selbst gestoßen wären. Vielleicht können sie helfen, die vielen heute angebotenen Übungen richtig einzuordnen. Dafür aber ist es wichtig, sich selber umzuschauen und zu prüfen, welche »geschickten Mittel« der eigenen »Soheit« am besten entsprechen und zum Selbersehen hinführen.

Übung der rechten Methode

Es ist immer wieder erstaunlich, wie verschlungen die Wege sind, auf denen Menschen zum Dhamma finden. Meist wird erst im Rückblick deutlich, daß es viele Hinweise gab, die aber nicht wahrgenommen wurden, weil die Interessen »damals« noch anders gerichtet waren und andere Lebenswelten bedingten. Wie also könnte man(n) oder frau eine Gruppe finden, um ein »buddhistisches Milieu« kennenzulernen. Wo werden Einführungskurse in buddhistische Meditation angeboten?

Erste Informationen über eventuelle Kontaktmöglichkeiten in der Nähe des eigenen Wohnortes geben:

Deutsche Buddhistische Union
Geschäftsstelle
Dachauer Straße 109/RG
80636 München

Österreichische Buddhistische Religionsgemeinschaft
Geschäftsstelle
Fleischmarkt 16
A-1010 Wien

Die Buddhistische Union der Schweiz ist gegenwärtig dabei, sich neu zu konstituieren; die Kontaktanschrift für weitere Hinweise ist:

Dr. Rolf Hafner
Wiedingstraße 18
CH-8055 Zürich

Informationen über Veranstaltungen einzelner Gruppen und Hinweise auf neue buddhistische Literatur sowie Aufsätze zu buddhistischen Themen finden sich in den beiden überregionalen Vierteljahreszeitschriften:

Lotusblätter. Zeitschrift für Buddhismus
DBU – Geschäftsstelle
Dachauer Straße 109/RG
80636 München

Wichtige Beiträge in diesem Zusammenhang in Doppelheft 4/90-9/91: »Hilfe zur Selbsthilfe – Die Lehrenden im Buddhismus« und Heft 4/92: »Geistige Gesundheit – Meditation«.

Bodhi Baum. Zeitschrift für Buddhismus
Octopus Verlag
Fleischmarkt 16
A-1010 Wien

Neben diesen nicht auf eine bestimmte Schulrichtung festgelegten Vierteljahreszeitschriften gibt es eine ganze Reihe von Zeitschriften und Mitteilungsblättern einzelner Gruppen, wie zum Beispiel:

Buddhayana Zeitung
Buddhayana-Zentrum
Meisenweg 11
51503 Rösrath

Buddhistische Monatsblätter
Buddhistische Gesellschaft Hamburg e.V.
Beisserstraße 23
22337 Hamburg

Der Kreis. Zeitschrift für Buddhismus im Westen
Zum Rebösch 26
88662 Überlingen
(Offizielles Organ des Ordens *Arya Maitreya Mandala*)

Der Mittlere Weg
Nachrichten des Buddhistischen Bundes Hannover e.V.
Drostestraße 8
30161 Hannover

InterSein
Mitteilungsblatt des Freundeskreises Thich Nhat Hanh
Meditationszentrum Haus Tao
CH-9427 Wolfhalden

Tenshin
Vierteljahresheft der Ersten Berliner
Zen-Gemeinschaft e. V.
Frohnauer Str. 148
13465 Berlin

Tibet und Buddhismus
Vierteljahresheft des Tibetischen Zentrums e. V.
Hermann-Balk-Straße 106
22147 Hamburg

Wissen und Wandel
Anschauung und Lebensführung nach Wegweisung des Buddha
Buddhistisches Seminar
Katzeneichen 6
95463 Bindlach

YANA. Zeitschrift für Buddhismus und religiöse Kultur auf buddhistischer Grundlage
Altbuddhistische Gemeinde e. V.
86919 Utting

Zen
Zen-Institut Deutschland e. V.
Turmstraße 9
74072 Heilbronn

Alle Gruppen und Vereine senden auf Anfrage und gegen eine Rückportospende gerne Probehefte zu. Von den vielen englischsprachigen Zeitschriften sei hier nur auf eine Initiative hingewiesen, über die sich das internationale Netzwerk engagierter buddhistischer Frauen gebildet hat und in der Fragen eines neuen Bhikkhuni-Sangha diskutiert werden:

NIBWA
Newsletter on International Buddhist Womens' Activities
c/o Dr. Chatsumarn Kabilsingh
Faculty of Liberal Arts–Thammasat University
Bangkok 10200

Über diese und andere Zeitschriften und Mitteilungsblätter bekommt man einen Eindruck vom buddhistisch geprägten Argumentationsstil und hält Kontakte zur großen »Sangha« der Gleichgesinnten, sofern es im Nahbereich noch keine buddhistische Gruppe gibt, deren Ausrichtung der eigenen (Vor-)Orientierung entspricht.

Wer einen Schritt weiter gehen und Seminare oder Kurse besuchen will, hat dafür mittlerweile viele Möglichkeiten. Die folgende Liste ist längst nicht vollständig, sondern will nur erste Hinweise geben. Eine wichtige Erfahrung auf dem Weg besteht ja gerade darin, daß einem immer förderlichere Informationen fast wie von selbst zuzufallen beginnen. Sie sind alles andere als »zufällig«, sondern ein Hinweis auf die neue, beim Gehen entdeckte Perspektive.

Deutschland

- Aryatara-Institut e.V.
  Buddhistisches Haus
  Jägerndorf
  94424 Arnstorf
  (vor allem tibetische Tradition, viele Kurse besonders für Frauen)
- Buddha-Haus
  Meditations- und Studienzentrum eV.
  Uttenbühl 5
  87466 Oy-Mittelberg
  (unter der spirituellen Leitung von Ayya Khema, Kurs-Angebote vor allem in der Theravada-Tradition, Möglichkeiten für Einzelretreats)

- Haus der Stille
  Mühlenweg 20
  21514 Roseburg
  (sehr umfangreiches Jahresprogramm mit Angeboten aus allen Schulen und Richtungen)
- Kamalashila
  Institut für buddhistische Studien
  Schloß Wachendorf
  53894 Mechernich
  (Jahresprogramm, vor allem tibetische Tradition)
- Seminarhaus Engl
  Verein für buddhistisches Leben und Handeln
  Engl 1
  84339 Unterdietfurt
  (Jahresprogramm mit Angeboten aus allen Schulen und Richtungen)
- Tibetisches Zentrum e.V.
  Hermann-Balk-Straße 106
  22147 Hamburg
  (regelmäßige Schulungs- und Ausbildungskurse)
- Waldhaus am Laacher See
  Zentrum für Buddhismus und bewußtes Leben
  Heimschule 1
  56645 Nickenich
  (sehr umfangreiches Jahresprogramm mit Angeboten aus allen Schulen und Richtungen)

Österreich

- Buddhistisches Zentrum Scheibbs
  Ginselberg 12
  A-3272 Scheibbs/Neustift
  (Kursangebote verschiedener Schulen)
- Haus der Stille
  Berg 12
  A-5652 Dienten

(neben ökumenischen Kursen auch reine Zen-Sesshin der Soto-Tradition)

- Letzehof
  A-6800 Feldkirch
  (Kursangebote vor allem der tibetischen Tradition)
- Sanghamitta
  c/o Buddhistisches Zentrum
  Fleischmarkt 16
  A-1010 Wien
  (regelmäßige Schulung und Kursangebote im Sinne eines »westlich orientierten« Buddhismus)

Schweiz

- Dhammagruppe
  Postfach 5909
  CH-3001 Bern
  (Angebote vor allem in der Theravada-Tradition)
- Dhammapala
  Am Waldrand
  CH-3718 Kandersteg
  (buddhistisches Kloster der Theravada-Tradition mit regelmäßigen Kursen und auch Möglichkeiten für einen längeren Aufenthalt »Im Kloster auf Zeit«)
- Haus der Besinnung
  CH-9115 Dicken
  (Das von einer privaten Stiftung unterhaltene, großzügig ausgestattete Haus ist nicht »bewirtschaftet«. Es ist also ein vorzüglicher Platz für Einzelretreats oder Kurse in kleinen Gruppen (mit maximal 15 Personen). Kontaktanschrift: Kurt Onken, Gut Hochstrass, CH-8280 Kreuzlingen).
- Haus Tao
  CH-9427 Wolfhalden
  (»gemischtes Angebot« aus verschiedenen Schulen und regelmäßige »Tage der Achtsamkeit«)

- Klösterliches Tibet-Institut
  Rietberg-Straße
  CH-8486 Rikon
  (tibetische Tradition; gelegentliche Angebote auch für Gäste, doch sind die residierenden Lamas vornehmlich für ihre Landsleute in der Schweiz zuständig)
- Tharpa Chöeling
  CH-1801 Mont Pélérin
  (tibetische Tradition)

Wie schon gesagt, ist diese Aufstellung, zumal für Deutschland, nicht vollständig; sie berücksichtigt jedoch alle langfristig bewährten Einrichtungen mit »gemischten« Angeboten.

Was erwartet einen dort? »Geht hin und seht selbst«, könnte man darauf antworten und allenfalls noch auf den Satz hinweisen, der Besucher der Island Hermitage (vgl. Seite 139ff.) begrüßt: »We have the atmosphere, that you have in mind.«

Mit anderen Worten, wir kommen immer wieder bei uns selber an, wenn wir uns auf den Weg begeben. Darum sei als letzter Hinweis nur noch etwas über die äußeren Kosten gesagt, denn sie sind viel einfacher zu berechnen als die inneren.

Fast alle Einrichtungen differenzieren ihre Kalkulation in Tagessätze für Unterkunft/Verpflegung und den laufenden Wirtschaftsbetrieb des Hauses sowie die eigentlichen Kursgebühren. Die Tagessätze schwanken je nach Standard zwischen 35,– und 55,–DM, die Kursgebühren liegen je nach Lehrern und Lehrerinnen zwischen 0 und 350,– DM pro Woche. Die Verpflegung besteht meistens aus vegetarischer Vollwertkost, geschlafen wird überwiegend in Doppel- oder auch Mehrbettzimmern, und das Tagesprogramm ist je nach Kurs lockerer oder strenger: Bei einem Sesshin ertönt der Weckruf knappe fünfzehn Minuten vor dem ersten Sitzen um vier Uhr morgens, bei einem Vipassana-Retreat wird vielleicht erst gegen 6.00 Uhr leise geweckt. Nachtruhe ist meistens ab 22.00 Uhr, der Tagesablauf dazwischen ist je nach Kurs enger oder weiter gestaltet und mit eventuellen Arbeiten in Haus und Küche und Zeit zur persönlichen Verfügung durchsetzt.

Abschließend sei nochmals betont, daß diese Angaben nicht werben, sondern lediglich hilfreiche Hinweise für die ersten Annäherungen an einen besonderen Übungsweg geben wollen. Wenn einzelne Zeitschriften, Gruppen oder Tagungsstätten nicht erwähnt wurden, bedeutet das keine Abwertung, sondern ist ganz einfach darauf zurückzuführen, daß ein einzelner teilnehmender Beobachter das Feld längst nicht mehr überblicken kann. Positiver formuliert: In weniger als zwanzig Jahren hat sich der »Buddhismus« im deutschsprachigen Bereich derart aufgefächert und entwickelt, wie das vor knapp zwanzig Jahren (vgl. Seite 146) wohl nur wenige für möglich gehalten hätten.

Kommt Zeit, kommt Rad

Alltägliche Praxis

Im Herbst 1991 berichtete DIE ZEIT (Nr. 39, 19. September, S. 91) ganzseitig und sehr positiv über einen einwöchigen Meditationskurs im Waldhaus am Laacher See. Am Ende des Artikels verdichtete der Korrespondent seine Beobachtungen in einer etwas wehmütigen Schlußpassage so:

Manchmal war (und bin) ich geradezu süchtig nach dem Sitzen, nach der festen und entspannenden Verankerung im Boden und nach der Reise ins eigene Innere hinter den geschlossenen Augen. Auch nach dem sanften Ton des Klöppels an der Metallschale, wenn die Meditationszeit beginnt oder endet.

Die vom Buddha gelehrten Versenkungsübungen wollen nicht süchtig machen: »Der einzige Weg zur Läuterung der Wesen« und »zur Überwindung von Kummer und Klage« (vgl. Seite 86) soll nicht in irgendwelche, »hinter den geschlossenen Augen« liegende Traum- oder Klangwelten entführen, sondern zum realistischen Sehen, Hören, Riechen, Schmecken, Tasten und Bedenken derart befähigen, daß klarbewußt wahrgenommen werden kann, was »jetzt« durch Wirklichkeiten eines einmaligen(!) »Hier« bedingt ist.

Rechtes Wissen um die Grundwahrheiten des Dhamma und bewährtes Geschick im Umgang mit den rechten Mitteln zur Sammlung des Geistes sind also kein Selbstzweck, sondern sollen derart gepflegt werden, daß sie durch die Strudelwasser des Samsara tragen und vor leidvollen Sandbänken des Anhaftens bewahren helfen. Mit anderen Worten: Sie müssen sich in der Alltagspraxis bewähren, das ist ihr eigentlicher Sinn. Darum heißt es auch, daß wir mit der Frau des Zenlehrers sprechen sollten, um ihn selbst richtig zu erkennen!

Warum wurde Buddha als »Vollendeter« bezeichnet? Weil er handelte, wie er sprach, und weil er sprach, wie er handelte (vgl. Seite 15).

Die vollkommene Übereinstimmung zwischen Wort und Wirklichkeit war die eigentliche Botschaft und machte seine besondere Überzeugungskraft auf die Zeitgenossen aus.

Wie mit solch einem vollendeten Vorbild richtig umgehen? Wie die eigenen Annäherungsversuche an den Vollerwachten als mittleren, die eigenen Fähigkeiten recht bedenkenden Weg gestalten? Auch wenn es darauf immer nur persönliche Antworten geben kann, sind einige praktische Hinweise möglich, weil sie das generalisieren, was Menschen in der einen oder anderen Form immer wieder als problematisch durchleben, wenn sie sich auf den »buddhistischen Weg« machen.

Geduld und Ausdauer

Geduld und Ausdauer sind nötig, um dem zu begegnen, was an »skeptischen Zweifeln« immer wieder aufkommt und die eigenen Fähigkeiten zum rechten Gehen hinterfragt. Die buddhistischen Übungen sind kein schneller Highway zum Nirvana, sondern markieren einen Weg, dessen befreiende Weite meist erst im Rückblick richtig realisiert werden kann. In einem Interview hat Jack Kornfield dazu einmal gesagt[45]:

Die wahren spirituellen Übungen sind sehr einfach und bleiben immer dieselben. Es ist notwendig, daß wir uns mit der Dunkelheit konfrontieren und unsern Ängsten und Schatten begegnen, aber auch liebende Zuwendung der ganzen Welt entgegenbringen. Als der Dalai Lama gefragt wurde, wie man spirituelle Fortschritte messen könne, sagte er: »Nun, laß dir ein wenig Zeit, vielleicht zehn, fünfzehn Jahre. Dann schau, ob in deinem Leben eine positive Veränderung zu erkennen ist.« Oder nehmen wir uns den chinesischen Zen-Meister Hsuyün als Beispiel. Nach jahrzehntelangem Lernen und Üben begann er mit siebzig zu lehren, und er lehrte, bis er 1959 in Shanghai im Alter von 120 Jahren starb. »Was ihr für eure spirituelle Praxis benötigt, ist ein lange ausdauernder Geist«, riet er seinen Schülern.

Keine falschen Erwartungen also, keine schnellen Verabredungen mit der »Erleuchtung« eingehen. Nicht umsonst wurde dieses Wort hier bislang nicht benutzt. Ich kenne einen Zen-Lehrer, der seine Schüler auf den rechten Weg zu bringen versucht, indem er über Satori immer nur als »Sarotti« spöttelt!

Oder denken wir an Tenno, einen Zen-Lehrer, der schon zehn Jahre lang eifrig praktiziert hatte. Eines Tages ging er Meister Nan-in besuchen, und bei dem schlechten Wetter hatte er Holzschuhe an. Nach der Begrüßung fragte ihn Nan-in: »Du hast die Schuhe draußen auf der Veranda gelassen; stehen sie rechts oder links von deinem Schirm?« Tenno wußte darauf keine Antwort und erkannte, daß er seine im reinen Sitzen so sorgfältig kultivierte Achtsamkeit noch immer nicht fest auch im Alltagshandeln zu verankern wußte. Er wurde Nan-ins Schüler und lernte bei ihm nochmals sechs Jahre lang.

Derartige Geduld und Ausdauer sollte gemischt sein mit einer gesunden Portion Skepsis gegenüber allen Angeboten, die schnelle Abkürzungen oder gar Seilbahnen zum Gipfel anbieten. David Cooper, ein amerikanischer Lehrer, warnt aufgrund seiner Erfahrungen in der Szene vor solchen (Ver-)Führungen[46]:

Es gibt die weitverbreitete Fehleinschätzung, daß bestimmte Techniken und Praktiken ganz außerordentliche Ergebnisse schnell garantieren. Das wurde in den letzten zwanzig Jahren weidlich ausgenutzt von Hoola-Hoop-Marketendern der Spiritualität, die einem Sachen wie neue Kraft (*instant power*), Intensiv-Wochenenden der Erleuchtung oder garantierte Entspannung versprechen.

Die wahre Praxis hat kein endgültiges Ziel, sondern konfrontiert uns mit immer neuen Herausforderungen. Ein guter Golfspieler schlägt seine Bälle immer wieder anders, und auch die besten Profis enden mal im Sand.

Distanz und Prüfung

Distanz und Prüfung sind die positive Umformulierung von »Übelwollen«, einer der »fünf Hemmungen« auf dem Weg. Im Grunde geht es dabei um nichts anderes als um die zeitgemäße Anwendung des Ratschlags, den Buddha den Kalamern gab (vgl. Seite 72 ff.), als er sie aufforderte, sorgfältig und immer aufgrund eigener Erfahrungen zu prüfen, was ihnen an Heilsbotschaften angetragen wurde. Wie also vorgehen, wie die richtigen Lehrer oder Lehrerinnen finden? Jack Kornfield gibt dazu drei Ratschläge[47]:

Einer besteht darin, sorgfältig zu schauen und zu spüren, ob diese Person integer erscheint, lebt, was sie lehrt, ehrlich ist und die spirituellen Werte, von denen sie spricht, vergegenwärtigt.

Zweitens, sieh ihre Schüler und Anhänger an und schau, ob es darunter Leute gibt, die mit Weisheit, Güte, ohne Furcht und ohne Ängste leben und diese spirituellen Werte repräsentieren.

Nimm dich, drittens, vor all jenem in acht, das verlangt, deinen Körper, viel Geld oder deinen Humor hinzugeben, das große Geheimniskrämerei auferlegt oder eine doppelte Moral hat. Hüte dich auch vor allem, was unlängst von einer Person als die neue, größte Religion aller Zeiten geschaffen worden ist.

Das mag konservativ klingen, ist aber nichts anderes als die Fortschreibung von Erfahrungen, die sich seit mehr als zweitausend Jahren bewährt haben. »Buddhismus« ist keine »neue Bewegung«, so »revolutionär« die Zufluchtnahme zum Buddha, zum Dhamma und zur Sangha einem Abendländer persönlich auch erscheinen mag!

Aber wie lange soll ich mich und verschiedene Lehrer prüfen? Wie lange soll ich Wochenendseminare und Kurse buchen, wann werde ich »meinen Weg« gefunden haben?

Buddha hatte es da vergleichsweise einfacher, zu seiner Zeit gab es noch keine moderne Medienlandschaft mit globalen Verbreitungsmitteln. Ihm genügte der intensive Besuch von zwei der bekannten Schulen seiner Zeit, um sich anzueignen, was dort vermittelt werden konnte, und dann weiter zu gehen.

Für uns Nachgeborene mag angesichts der Fülle von Angeboten heute wiederum ein realistischer Ratschlag von David Cooper hilfreich sein, den er dem Sucher generell gibt[48]:

Paß auf, daß du nicht zum Dilettanten wirst, der das ganze spirituelle Schweden-Buffet durchkosten will und darauf wartet, dabei auf den »richtigen« oder »perfekten« Weg zu stoßen. Fast jede Technik, die den Test der Zeit bestanden hat, ist für unsere spirituelle Entwicklung hilfreich. Praktiziere einige eine gewisse Zeit und bleibe dann bei der, die du als besonders förderlich empfindest.

Dabei müssen wir aber wirklich alle unsere Urteilsfähigkeiten mobilisieren. Es gibt inzwischen so viele Leute, die die Welt der spirituellen Suche für ihre eigenen Zwecke nutzen möchten. Die Warnsignale leuchten jedoch meistens schnell auf: Achte also auf Machtgelüste (*power trips*) oder sexuelle Anspielungen. Vorsicht auch bei allen kostspieligen, bunten, modischen und schrulligen Angeboten. Meistens ist das rausgeworfenes Geld, verlorene Zeit und schädlich für die Psyche obendrein.

Abschließend noch der prägnante Ratschlag von Gandhi.[49] Als ihn ein Missionar 1946 in New-Delhi besuchte und nach seiner »Religion« fragte, war die knappe Antwort: »Sie müssen mein Leben beobachten. Wie ich lebe, wie ich esse, sitze, rede und mich allgemein gebe. Die Gesamtheit all dieser Verhaltenszüge ist meine Religion.« Ganz im gleichen Sinne schrieb Gandhi ein Jahr später an seine Anhänger in Bengalen: »Mein Leben ist meine Botschaft.«

Eine derartige Manifestation der ganzen Lehre durch die eigene Soheit ist selten; das machte ja das besondere Charisma von Menschen wie Buddha oder Gandhi aus. Bei aller Prüfung und Distanz sollten wir uns daher hüten, alle Lehrerinnen oder Lehrer daran zu messen und ihre Mängel zu kritisieren. Gute Lehrer und Lehrerinnen wissen um ihre eigenen Grenzen und verbergen sie nicht; auch das ist ein Hinweis, um sie zu finden. Im übrigen aber gilt: An ihrem Lächeln sollt ihr sie erkennen!

Freude und Liebe

»Der Weg« soll befreien; auch wenn die ersten Schritte noch ungewohnt sind und das Übungsgelände zunächst fremd erscheint: Es geht um die Überwindung von Unzufriedenheit, nicht um deren systematische Vertiefung. Warum aber begegnen einem immer wieder so düster und unfroh dreinblickende Wanderer? Weil sie sich übernommen haben und im Geschwindschritt erreichen wollen, wozu sie nach buddhistischer Auffassung doch noch viele Leben lang Zeit haben; aber auch, weil sie fixiert sind auf ein Ziel, das »Erleuchtung« heißt und das irgendwo am anderen Ufer liegen soll.

Vielleicht ist ihnen der folgende Ausschnitt aus einem Gespräch hilfreich, das ich mit Gesshin Prabhasa Dharma im Juni 1990 bei uns in Bodman hatte. Meine Frage war, warum sie sich denn die vielen Reisen zumute und immer wieder zu anderen Ufern einzuladen versuche. Wahrscheinlich sage sie sich, daß sie immer wieder zu den Menschen zurückgehen und ihnen helfen müsse, ihr wahres Selbst zu erkennen. Gesshin lachte lange und herzlich und erklärte mir dann[50]:

Weißt du, warum ich gelacht habe? Weil, wenn man angekommen ist, dann lacht man wirklich; weil es nämlich diese ganze Geschichte und dieses ganze Ding mit dem anderen Ufer überhaupt nicht gibt. Das ist auch nur so eine Geschicklichkeitsmethode.

Du kennst ja die Fabel von dem brennenden Haus. Die Kinder spielen im Haus; der Vater kommt von der Reise zurück, und er sieht, das Haus steht in Flammen, und die Kinder sind drinnen in ihren Spielzeugen verfangen und merken nicht, daß das Haus um sie herum abbrennt. Da ruft der Vater von draußen: »Kinder, Kinder, kommt schnell heraus. Euer Vater ist zurück. Ich habe euch schöne neue Spielsachen mitgebracht.«

Da werfen die Kinder die alten hin und rennen aus dem brennenden Haus. Der Vater hat natürlich keine neuen Spielzeuge, aber die Kinder sind gerettet.

Das andere Ufer gibt es nicht. Das gehört alles noch zur Vorstellungswelt. Und diese Vorstellungswelt kann man den Menschen nicht sofort ganz wegnehmen. Darum hat der Buddha aus Güte, aus Erbarmen und mit angepaßter Einsicht uns diese Beispiele gegeben. Er sagt, mit seiner Lehre ist es so, daß man sie benutzen soll, um anzukommen. Genau wie eine Straße dich zu einem Dorf bringt; doch die Straße bewirkt nicht etwa das Dorf, das Dorf war ja schon da, als du noch am anderen Ende der Straße warst.

»Alles brennt«, mit dieser Feststellung beginnt eine Lehrrede, mit der Buddha seinen Schülern erklärte, wie gefährlich es für sie sei, den Wahrnehmungen unwissend zu vertrauen und die Sinneseindrücke derart zünden zu lassen, daß sie meinen, immer neues Brennmaterial herbeischaffen zu müssen, damit ihr Lebenslicht nicht ausgehe! Entsprechend fragte sich Talaputa, der einst als Schauspieler sein Leben in vollen Zügen genossen hatte und jetzt als Bhikkhu unter der Anleitung Buddhas Befreiung zu erlangen versuchte (Thag. 1099):

> Wann werd' ich, von Ruhe erfüllt,
> die ungezählten Formen, Töne, Düfte
> und Geschmäcke,
> die Tasteindrücke und geistigen Dinge weise
> erkennen
> als gefangen in tobender Flammenglut?

Formen, Töne, Düfte, Geschmäcke, Tasteindrücke und geistige Dinge – diese Spielzeuge sind uns lieb und teuer. In dem Maße aber, wie wir ihren Bedingungszusammenhang zu durchschauen beginnen, können wir anders (eben spielerisch) mit ihnen umgehen und werden nicht mehr von Berührungen und Empfindungen verhaftet. Das ist der Sinn des Weges jenseits der Extreme von asketischer Weltflucht und libidinöser Weltsucht. Ihn zu gehen erfordert Übung und eine gewisse Disziplin. Die praktischen Markierungen der rechten Rede, des rechten Handelns und des rechten Lebenserwerbs (vgl. Seite 79f.) geben dafür Maßstäbe, und die fünf Silas (vgl. Seite 176f.) detaillieren sie zusätzlich.

Was nun die »unfrohen und düster dreinblickenden Wanderer« betrifft, so haben sie meiner langjährigen (Selbst-)Einschätzung nach den instrumentellen Übungscharakter dieser Hinweistafeln meist falsch wahrgenommen und zu Geboten des Du-sollst-Nicht erhöht, was ursprünglich als Übungsanleitung des Sich-enthaltens-Von formuliert worden war. Entsprechend verdichtet sich zur festen Form, was eigentlich lebendig fließende Praxis sein sollte. Nahrungsgewohnheiten sind dafür ein besonders markantes Beispiel und illustrieren, wie mit den Übungsanleitungen falsch umgegangen werden kann, wenn sie fundamentalistisch ausgelegt werden.

Hier ist an den Ratschlag Gandhis zu erinnern, der selbst zwar ein konsequenter Vegetarier war, dennoch aber den Studenten der Universität von Gujerat einmal riet[51]:

Wenn ihr das wirklich wollt, dann schwört meinetwegen auch noch Kartoffeln und Auberginen ab. Aber werdet um Gottes willen nicht selbstgerecht und bildet euch ein, damit Ahimsa (Gewaltfreiheit) zu praktizieren. Ahimsa ist keineswegs nur eine Frage der rechten Ernährung, sie geht weit darüber hinaus. Was ein Mensch ißt und trinkt, bedeutet nicht viel, auf die Selbstbeherrschung und Selbstläuterung kommt es an. Übt also die euch angemessen erscheinende Selbstbeherrschung bei der Zusammenstellung eurer täglichen Nahrung, das ist lobenswert und notwendig, berührt aber wirklich nur die äußerste Schale von Ahimsa.

Ein Mensch mag sich einen recht weiten Spielraum bei seiner Ernährung zugestehen, und doch kann er eine reine Verkörperung von Ahimsa und unserer Hochachtung wert sein, wenn er sich von allen Leidenschaften geläutert und ein liebevolles Herz hat, das mit anderen leiden kann. Umgekehrt aber kann man auch als ganz penibler Rohköstler von Ahimsa überhaupt nichts begriffen haben und ein armseliger Teufel sein: hartherzig und immer noch voller Selbstsucht und Begierden.

Buddha und seine Bhikkhus und Bhikkhunis nahmen an, was ihnen gegeben wurde. Weil es die Laien oft gut mit ihnen meinten, ergab sich als Nahrung auf dem Weg nicht nur Gemüse, sondern oft auch Fleisch. Sofern ein Tier nicht extra für den Anlaß geschlachtet worden war, konnte die Speise durchaus angenommen werden.

So ist es auch heute noch in Thailand oder Sri Lanka, sehr zum Leidwesen vieler westlicher Pilger, die sich auf ihrer Reise zum erstenmal mit den Realien eines alltäglich gelebten Buddhismus konfrontiert sehen. »Es ist nicht jeder schon Buddhist, bloß weil er nur Gemüse ißt.« – Wäre das für manche Neu-Buddhisten vielleicht ein hilfreiches Mantra?

»Was ein Mensch ißt und trinkt, bedeutet nicht viel, auf die Selbstbeherrschung und Selbstläuterung kommt es an«, sagte Gandhi den ernährungsbewußten Studenten. Buddha erklärte (S 12,63) seinen Schülern, daß es vier Arten von Nahrung gäbe: eßbare Speisen, Sinneseindrücke, willentliches Denken und Bewußtsein.

In eindrucksvollen Gleichnissen machte er ihnen klar, wie jede dieser vier Nahrungen, unbedacht genossen, den Esser in immer neue leidhafte Verstrickungen und Abhängigkeiten führt: Die Gier nach leckerer grobstofflicher Nahrung (1) bindet ihn an die Sinnestore des Körpers; das Lechzen nach schönen Sinneseindrücken (2) macht ihn abhängig von immer neuen Begegnungen; die Wirkung der Nahrung willentlichen Denkens (3) offenbart sich in dem schier unaufhörlichen Trieb, zu planen und anzustreben, zu kämpfen und zu besiegen, aufzubauen und zu zerstören, zu erfinden und zu entdecken, zu organisieren und zu erschaffen; die Nahrung Bewußtsein (4) schließlich ist es, die immer neue Geist-Körper-Formationen konditioniert und hungrig in die Welt treibt. So entsteht im Bewußtsein das All!

Wie bei vielen Lehrreden aus dem Pali-Kanon muß auch hier wieder bedacht werden, daß diese Ausführungen an Nonnen und Mönche gerichtet waren. Falsch angefaßt können sie zur Schlange werden und übereifrigen Nachfolgern und Nachfolgerinnen »heftige Schmerzen verursachen« (vgl. Seite 123). Wie also richtig damit umgehen?

Wer nicht zu weit ging, nicht zurückblieb,
erkennend von der Welt: Unwirklich ist all dies.
Ein solcher Mönch gibt beide Seiten auf,
wie eine Schlange abgenutzte alte Haut.

»Nicht zu weit gehen« und dennoch »nicht zurückbleiben«, dieser Ratschlag Buddhas kommt im »Buch der Schlange« (Sn 1,1–17) mehrfach vor. Zwar auch wieder an Mönche gerichtet, ist er gleichwohl für alle Menschen gültig und bedeutet nichts anderes, als die eigene Soheit anzunehmen, den Bogen nicht zu überspannen, aber auch nicht locker zu lassen in dem Bemühen, Stück um Stück weiterzugehen und den Wegweisungen zu folgen, deren wohltuende Wirkungen je länger, desto deutlicher spürbar werden. Nicht »unterdrücken«, was noch nicht »losgelassen« werden kann, und keine heimlichen Schuldgefühle über »noch immer nicht« überwundene Verhaftungen, sondern offene Freude über all das, was schon lange nicht mehr gebraucht wird, um des Lebens Not zu wenden, weil es nicht mehr notwendig ist. Aber immer auch Vorsicht vor eitlen Ich-Bestätigungen angesichts der vielen anderen, die sich inmitten von Dingen und Begegnungen wohl fühlen, die als Täuschungen erkannt und abgelegt wurden.

Als tägliche Übung auf dieser Gratwanderung wird immer wieder die Metta-Meditation empfohlen, mit der versucht werden soll, »liebevolle Zuneigung« (*Metta*) zu allen Mitwesen zu kultivieren und die eigenen Empfindungen zu reinigen von leidstiftenden Diskriminierungen. Ganz besonders wichtig bei dieser Übung ist aber, zunächst einmal sich selbst anzunehmen und zu lieben.

Nyanaponika Mahathera beschrieb anläßlich einer Vesakh-Feier (Gedenktag an Geburt, Erwachen und Verlöschen Buddhas) im Haus der Besinnung (vgl. Seite 207) die einzelnen Übungsschritte einmal (25. 5. 1975) so:

Nach drei ruhigen Atemzügen mit langer Ausatmung mögen Sie Güte erst gegen sich selber erwecken und dabei innerlich sprechen und es fühlen:

Möge ich glücklich sein, friedvoll, ohne
Feindschaft, ohne Ungemach!

»Denn wie sollte einer gegen andere Wohlwollen empfinden und ausüben, wenn es ihm selber nicht wohl ist?« Dies ist ein Wort Goethes zu Eckermann. Es mag genügen, wenn Sie in dieser Güte-Ausstrahlung auf sich selber nur kurz verharren, bis Sie sich wohl, heiter und entspannt fühlen.

Nun richten Sie die Kraft Ihrer Güte auf andere Personen, und zwar mögen Sie sich diese Personen etwa im Brustbild vorstellen, still und mit lächelnder Miene, also nicht in Tätigkeit oder in ihrer Beziehung zu Ihnen selber; dies würde ablenken.

Zuerst wählen Sie eine Person, die Sie *verehren* und auch genügend kennen, um eine solche Verehrung wirklich zu empfinden. Bei der Visualisierung einer solchen Person wiederholen Sie still und erfühlen es:

Möge er (oder sie) glücklich sein, friedvoll,
ohne Feindschaft, ohne Ungemach.

Dieselbe Formel gilt auch für die folgenden Personenarten. Wenn Ihnen die Güte-Durchstrahlung bei einem verehrten Menschen gelungen ist, mögen Sie sich dann einem *sympathischen Menschen* oder einem *guten Freunde* zuwenden, danach einer *neutralen*, gleichgültigen Person und schließlich einer *unsympathischen* oder verhaßten. Jede dieser Menschenarten möge man verbildlichen und in der erwähnten Weise mit Güte durchstrahlen.

Ich wiederhole die Reihenfolge: Güte soll entfaltet werden 1. zu sich selber, 2. zu verehrten Personen, 3. zu sympathischen Menschen oder Freunden, 4. zu neutralen Personen und 5. zu unsympathischen.

Wenn Ihnen während dieser Meditationssitzung die

Ausstrahlung schon bei einem verehrten Menschen so gut gelingt, daß Sie sich völlig vom Gefühl der Güte durchdrungen fühlen, so mögen Sie dabei verbleiben, solange es währt. Sie sollen sich nicht etwa verpflichtet fühlen, die anderen Personengruppen programmgemäß durchzugehen. Dies können Sie bei einer nächsten Meditationssitzung tun. Denn die Gelegenheit erreichter guter Konzentration sollen Sie voll nutzen.

Wie eine solche Übung praktizieren, wenn das stützende Milieu der Gleichgesinnten fehlt, wenn kein besonderer Gedenktag zusätzlich motiviert und die Pflichten des Alltags nur wenig Zeit für Dinge außerhalb des *business as usual* übriglassen?

Formen und Rituale

Es ist eine bekannte und oft sehr schmerzliche Erfahrung, daß sich die während eines Retreat als sinnvoll und hilfreich empfundenen Formen und Rituale nicht ohne weiteres mitnehmen lassen »in die Welt«. Wie zum Beispiel mit »Tischsprüchen« vor beziehungsweise nach dem Essen umgehen, deren tiefere Bedeutung einem »in Klausur« zwar immer deutlicher wurde, die beim gemeinsamen Essen in der Kantine aber wohl kaum rezitiert werden können?

Vor dem Essen:

> Sei dir bewußt, daß diese Nahrung unser Leben ermöglicht.
> Denke daran, wieviel Arbeit damit verbunden war.
> Sieh' dich vor, daß du nicht zerstreut oder unbescheiden bist.
> Nimm die Speisen dankbar auf.
> Wir essen, um gesund zu sein.
> Iß, um den Weg zu vollenden!

Nach dem Essen:

Wir haben gegessen.
Wir haben neue Kräfte erhalten.
Wenn wir selbstlos sind, werden alle Wesen errettet.
So vollenden wir Buddhas Weg.

Oder wie die »Gehmeditation« des achtsamen Gewahrseins von Schrittfolge und Atem im Berufsverkehr praktizieren; wo bleibt beim morgendlichen *run* auf die Tram noch Zeit und Raum für langsam-entspannte Schritte des »Gehens, ohne anzukommen«?

Und was wird aus der »Puja« als besonders förderlichem Konzentrationsmittel einer anschaulich gemachten Meditation, wenn das stützende Milieu der Gleichgesinnten fehlt, vom eigens dafür freigemachten Raum einmal ganz abgesehen?

Alle Praktizierenden stimmen in ihren Berichten darin überein, daß zwar Zugeständnisse gemacht werden müssen, gleichwohl aber auch immer wieder »geschickte Mittel« gefunden werden können, um den Handlungsalltag als Übungsfeld zu nutzen. Autofahrer können sich zum Beispiel bemühen, einige Wegmarken jeweils mit besonderer Achtsamkeit wahrzumehmen. Warum denn nicht dem Ahorn einen guten Morgen wünschen und ihm für seinen herbstfarbenen Hinweis auf den Wandel danken? Oder warum nicht als Berufspendler im Bus versuchen, den Atem zu betrachten und ganz bei der eigenen Körperlichkeit des Stehens oder Sitzens zu verweilen, anstatt sich den reinen Anfänger-Geist eines neuen Tages durch Nachrichten auf die öffentliche Meinung ausrichten zu lassen? Warum nicht bei nächstbester Gelegenheit auch einmal einige langsame Schritte riskieren und achtsam beobachten, wie es um einen herum jetzt gerade zugeht: *einfach anschauen, was ist*, »frei von Begierde und Trübsal hinsichtlich der Welt« (vgl. Seite 87)!

Oder denken wir an die morgendlichen Reinigungsrituale als Übungsweg, über den Nyanaponika anläßlich seines Aufenthaltes im Kloster von *Mahasi Sayadaw* (Rangun) einmal schrieb[52]:

Man will sich am Morgen den Mund spülen und ist sich dieses Gedankens bewußt (»er kennt Geist und Geistobjekte«); man sieht das Wasserglas in einiger Entfernung stehen (»Sehbewußtsein«); man geht auf es zu (»dieser Körperhaltung bewußt«); man bleibt davor stehen (»körperhaltungsbewußt«); man streckt den Arm aus (»wissensklar beim Beugen und Strecken«); man ergreift das Glas (»Berührungsbewußtsein«) usw.

Keinesfalls soll mit derartigen Andeutungen und Hinweisen das bewirkt werden, was eine amerikanische Zen-Praktizierende in ihrem Buch über die »Lee(h)rformeln des Zen-Meisters Tofu Roshi« so befreiend-deutlich beschrieben hat, die Ritualistik von Neukonvertiten nämlich, die mit Worten und Gesten aller Welt zu signalisieren suchen, wie weit sie es inzwischen gebracht haben.

Nicht immer wird allerdings richtig wahrgenommen und auch gebührend gewürdigt, was an neuen Signalen ausgesendet wird, um auf eigene Veränderungen aufmerksam zu machen. Eine besorgte Mutter wandte sich zum Beispiel mit dem folgenden Brief an Tofu Roshi[53]:

Wir haben einen wundervollen Sohn, der jetzt auswärts studiert. Er ist schon immer ein guter Junge gewesen, hat regelmäßig Zeitungen ausgetragen und all so Sachen. Er war gerade wieder auf einen kurzen Besuch bei uns, und irgend etwas an ihm war auf einmal anders. Man konnte an seinen Augen ablesen, daß er mit dem Kopf ganz woanders war, und ich meine gehört zu haben, daß er zu seinem weichgekochten Ei sprach, bevor er es aufschlug. Mein

Mann sagte zu mir: »Mutter, unser Junge nimmt Drogen.« Also holten wir uns die Broschüre: *Wie erkenne ich, ob mein Kind Drogen nimmt?* Aber da stand nichts von Eiern drin. Ich persönlich glaube allmählich, daß er meditiert – wenn wir grad nicht hinsehen, meine ich. Wie erkenne ich, ob mein Sohn meditiert? Manchmal atmet er laut.

Mutter in Occidental

Tofu Roshis Antwort ist wie immer ernüchternd pragmatisch und gibt der besorgten amerikanischen Mutter Ratschläge zur Früherkennung verschiedener »Erleuchtungs-Infektionen«, wie sie in unterschiedlicher Intensität auch hier in Europa immer wieder beobachtet werden können:

Liebe Mutter,
lautes Atmen in Verbindung mit dem Zwischenfall mit dem Ei könnte etwas zu bedeuten haben. Zähle seine Atemzüge und stelle fest, ob er – wie ich es in meinen Lehrreden empfehle – ebenso oft ein- wie ausatmet. (Wenn ja, könnte er einer meiner Schüler sein!)

Hier noch ein paar Anhaltspunkte, auf die Du achten kannst.

Ißt er mit einer zum Wahnsinn treibenden Langsamkeit und kaut er dabei jeden Bissen so, als wollte er die Zeit zum völligen Stillstand bringen? Hat er neuerdings einen eigenartigen, irgendwie gedankenverlorenen Gang, so, als ob seine Füße am Boden festklebten? Verbeugt er sich vor leblosen Gegenständen? Läßt er die Schuhe vor seiner Schlafzimmertür stehen? Hat er Dich gebeten, es ebenso zu tun? Anders als der Drogen konsumierende neigt der meditierende Jugendliche dazu, seinen Eltern gewisse Veränderungen in ihrer Lebensweise nahezulegen – etwa auf dem Fußboden zu sitzen oder mit Stäbchen zu essen oder sogar beides gleichzeitig zu tun.

Halte auch Ausschau nach typischen materiellen Begleiterscheinungen, wie sie im Hause eines Meditierenden aufzutauchen pflegen. Einmal, natürlich, Räucherstäbchen. Ebenso Blumen auf dem Klosettdeckel und runde, feste Kissen von etwa vierzig Zentimetern Durchmesser.

Weiterhin können unterschiedliche Symptome auf jeweils unterschiedliche meditative Praktiken hindeuten. Wenn der Kranke sich wiederholt bäuchlings auf den Boden legt und dann wieder aufsteht, dann ist er wahrscheinlich auf dem tibetischen Trip. Eine plötzliche Neigung zum Umarmen von Eltern und zu schweigenden Langzeit-Blickkontakten könnte auf eine der vielen Unterarten christlicher Kontemplation hindeuten; vielleicht aber auch auf eine (relativ unschädliche) Gruppentherapie. Wenn Dein Kind ein symmetriebezügliches Wahnverhalten an den Tag legt, seine Papierserviette säuberlich faltet und allerlei Gegenstände – Besteck, Bleistifte, Zahnstocher – rechtwinklig und parallel zueinander anordnet, dann treibt er wahrscheinlich Zen-Meditation.

Deinem Brief kann ich nicht entnehmen, ob in Eurem Fall ein Grund zur Sorge besteht. Ihr könntet Euch auf alle Fälle an Eure örtliche Beratungsstelle für Eltern von Meditierenden wenden.

Dennoch: Formen sind eine Stütze, Rituale können hilfreich sein, wenn sie als Meditation begriffen werden und nicht zur regelmäßigen Ritualistik gerinnen. Wenn sich Übende also beim Anzünden von sieben Kerzen die Erleuchtungsglieder (vgl. Seite 95 f.) zu vergegenwärtigen suchen, kann dies eine innere Stütze sein. Entscheidend ist in jedem Fall die Offenheit des Geistes der Praktizierenden und ihre Bereitschaft, alles wieder zu zerschlagen und hinter sich zu lassen, was zur bloßen Routinehandlung zu verkrusten droht.

Die Sandmandalas des tibetischen Buddhismus sind ein gutes Beispiel dafür, worum es eigentlich geht: das allmähliche Entschlüsseln und bewußte Nacherleben der Inhalte von Chiffren eines Führers zur Transformation des eigenen Geistes. Das bunte Mandala selbst ist »leer«, bezieht seine Kraft nicht aus irgendwelchen Manipulationen, sondern lebt einzig durch und für die Übenden! Eine achtsame Vergegenwärtigung seiner reflexiven Botschaften geschieht am nachdrücklichsten »beim Gehen«, das heißt beim tagelangen Herstellen des Mandalas aus fein gemahlenem gefärbtem Sand; die begleitenden Übungen können aber auch »Außensitzende« in die tiefere Bedeutung der bildhaften Chiffren einführen.

Derart bewirkte Augenblicke des rechten Gewahrseins sind wie alles Erleben flüchtig und lassen sich nicht bewahren. Es war also nur »folgerichtig«, daß das Mandala am Ende der einwöchigen Kalachakra-Initiation in Rikon (1985) wieder zusammengefegt und der bunte Sandstaub in einer heiteren kleinen Zeremonie in die klaren Wasser der Töss gestreut wurde.

Auf Bitten von Neu-Buddhisten wurde im Dezember 1992 im Linden-Museum in Stuttgart ein Sandmandala von Lamas geschaffen, und »die interessierte Öffentlichkeit« war zum Zuschauen eingeladen. Mehr noch: Der Dalai Lama hatte der Bitte zugestimmt, daß das Mandala aufbewahrt und zur allfälligen Betrachtung konserviert werden durfte. So wurde aus einem Weg wieder einmal ein musealer Rastplatz und aus einer Initiation ein ästhetischer Kick.

Was folgt daraus für den eigenen Umgang mit »Reliquien«, die an außerordentliche Gefühle entspannter Soheit erinnern helfen? Ein Bodhi-Blatt aus Bodhgaya zum Beispiel, ein kleines Messinggefäß mit Gangeswasser aus Benares, die Kalligraphie eines ehrwürdigen Zen-Meisters als Geschenk nach dem Sesshin, die Versteinerung eines vorgeburtlichen Mitwesens aus einem Flußbett im Himalaja, ein Buch mit der persönlichen Widmung des ehrwürdigen Lehrers, der bunte Kartengruß einer stimulierenden Lehrerin? – Warum sollte man derartige Wegzeichen nicht pflegen, solange sie nicht zur Fessel werden und als Hilfsmittel zum Übersetzen (immer noch) taugen? Es bilden sich so gewissermaßen Wachstumsringe, die uns das Paradox der Nicht-Identität des »Selbst« trotz Kontinuität seiner Erinnerungen verstehen helfen.

Eine Erscheinung entsteht, eine andere schwindet. Dies verläuft, als gäbe es kein Vorher oder Nachher. Daher ist das Kind nicht dasselbe wie der Erwachsene, aber ist auch kein anderer. In seinem früheren Bewußtsein ist das spätere Bewußtsein einbegriffen (vgl. Seite 66/67).

»Einbegriffen« heißt nicht »auf ewig gefesselt«. Aus dem Wahrnehmungspotential des Augenblicks wird aufgenommen und gefühlt, was früher einmal verlangend oder verwünschend bemerkt worden ist. Jede Gegenwart hat ihre spezifische Vergangenheit, das akkumulierte Karma ist unser sicherster Besitz!

Darum kennzeichnete Buddha seine Lehre als »gegen den Strom gerichtet«, weil sie diesen Wiederholungsdruck letztlich doch immer wieder unbefriedigender Handlungssequenzen erkennen und transzendieren hilft. Wie aber »ans andere Ufer« gelangen und lernen, den gegenwärtigen Bewußtseinsstrom derart zu beobachten, daß uns die karmisch bewirkten Erfassungstendenzen der Vergangenheit nicht die Zunft determinieren und immer wieder anlanden an bekannte Gestade namens Dukkha?

Wenn wir die Chance haben, Menschen zu begegnen, die von solch einem anderen Ort aus sprechen und dementsprechend handeln, dann sehen wir, daß sie weder Formen noch Rituale, keine Reliquien und auch keine Schutzräume mehr brauchen; in jedem Augenblick manifestieren sie »rechte Achtsamkeit als entspannte Form der Wachsamkeit«. »Zurück auf dem Markt« ist ihnen der Alltag ein willkommenes Übungsfeld.

Um die spezifische Form der Befreiung dieses alltäglichen Weitergehens richtig schätzen zu können, hat allerdings schon Buddha intensive Übungsphasen der Außeralltäglichkeit empfohlen. So gut der von ihm gewiesene Weg auch ausgeschildert ist, zum rechten Erkennen seiner Markierungen müssen die Augen doch erst vom Staub gereinigt werden.

»Sieben Tage, was liegt daran?«

Der Reinigungsprozeß kostete den Prinzen Siddhatta selbst sieben entbehrungsreiche Jahre. Die längere Lehrrede über »die Grundlagen der Achtsamkeit« (D 22) endet daher mit der Versicherung:

Wahrlich, wer auch immer diese vier Grundlagen der Achtsamkeit derart für sieben Jahre übt, bei dem ist eines von zwei Ergebnissen zu erwarten: entweder die höchste Erkenntnis (der endgültigen Befreiung) schon zu Lebzeiten oder, wenn noch ein Haftensrest da ist, die Nichtwiederkehr (in die Sinnenwelt).

Sieben Jahre mußte der Prinz selber suchen; ist der Weg aber offengelegt, kann es schneller gehen. Entsprechend heißt es am Ende des *Maha Satipatthana Sutta*, nachdem Buddha die siebenjährige Frist Stück für Stück verringert und schließlich bis auf einen halben Monat zurückgenommen hatte:

Dahingestellt sei der halbe Monat: Wer auch immer diese vier Grundlagen der Achtsamkeit sieben Tage übt, bei dem ist eines von zwei Ergebnissen zu erwarten: entweder die höchste Erkenntnis zu Lebzeiten oder, wenn noch ein Haftensrest da ist, die Nichtwiederkehr.

Der einzige Weg ist dies zur Läuterung der Wesen, zur Überwindung von Kummer und Klage, zum Schwinden von Schmerz und Trübsal, zur Gewinnung der rechten Methode, zur Verwirklichung des Nibbana, nämlich die vier Grundlagen der Achtsamkeit. Was derart gesagt wurde, in bezug hierauf wurde es gesagt.

Keinesfalls soll mit diesem Zitat abschließend doch wieder die Illusion verstärkt werden, daß eine intensive Woche meditativer Achtsamkeitsübungen genügen könne, um den Weg zu vollenden. Um ihn als befreiende Möglichkeit erstmals recht zu erkennen, mag aber auch unter heutigen Belastungen eine Woche sehr hilfreich sein!

All jenen, die sich dennoch nicht gleich für ein entsprechendes Angebot entscheiden können, sei als Bestätigung ihrer Soheit verraten, daß schon zu Buddhas Zeiten die »Zweifler« in der Mehrheit waren. So wie Upako, der Nacktasket, Buddha nicht glauben konnte, als er von seiner »Lebenswahn-Läuterung« überschwenglich berichtete (vgl. Seite 26), gab es auch später immer wieder Situationen, wo die »Einladung zum Selbersehen« nicht sofort angenommen wurde. »Unter der Vogelfeige« (D25) im Pilgergarten von Rajagaham zum Beispiel hatte Buddha einmal zu mehr als dreihundert Pilgern gesprochen und sie am Ende seiner Darlegungen aufgefordert, eine Zeitlang seiner Führung zu vertrauen, um sich »die Weisheit in ihrer Fülle und Weite noch zu Lebzeiten selber offenbar zu machen«. Jedoch:

Die Pilger verblieben stumm. Verlegen geworden, mit gebeugten Schultern, auf den Boden vor sich hinstarrend, ohne eine Erwiderung zu finden, saßen sie da, als wie schon vom Tod im Geiste umgarnt. Da hat denn der Erhabene sich gesagt:
Alle sind sie, die eitlen Menschen, vom Tode berührt, da auch nicht ein einziger sich entschließen möge: »Wohlan

denn, nur des Versuches halber wollen wir beim Asketen Gotama heiliges Leben führen; sieben Tage, was liegt daran?«
Da hat nun der Erhabene im Pilgergarten unter der Vogelfeige den Löwenruf erschallen lassen, stieg dann wieder zur Höhe empor und kehrte auf den Geierfelsen im Gebirge zurück.

Schon unmittelbar nach seinem Erwachen (vgl. Seite 22f.) hatte Buddha ja vorausgesehen, daß die »gegen den Strom gehende Lehre« nichts für Gier- und Haß-Verlorene sei. Dennoch hatte er keine Mühsal gescheut, sich mitzuteilen. Die Gültigkeit der erkannten Wahrheiten war ja nicht von Mehrheitsbeschlüssen abhängig, und um sie recht praktizieren zu können, ist keine Hilfestellung erforderlich. Im Gleichnis über die beiden Bambus-Akrobaten (S47,19), die ihre ganze Aufmerksamkeit nur auf sich selbst zu richten hätten, um sich und damit auch den Partner zu schützen, machte Buddha das anschaulich und erklärte:

Wie die Gehilfin dem Meister sagte: »Mich selber werde ich schützen«, so ist die Vergegenwärtigung der Achtsamkeit zu üben. »Die anderen werde ich schützen«, so ist die Vergegenwärtigung der Achtsamkeit zu üben.
Und *wie schützt man*, sich selber schützend, *die anderen*? Durch Pflege der Meditation und häufige Übung darin.
Und *wie schützt man*, die anderen schützend, *sich selbst*? Durch Geduld und Nachsicht, durch gewaltloses und unschuldiges Leben, durch liebevolle Güte und Mitempfinden.
Sich selber schützend, schützt man die anderen; die anderen schützend, schützt man sich selbst.

Phasen meditativer Zurückgezogenheit sind demnach kein elitärer Weg in die eigene Innerlichkeit; sondern eine intensive Übung zur mitweltlichen Öffnung: Indem die »selbst«gewirkten Schranken zwischen »Ich« und »Du« zersehen werden und das gemeinsam tragende »Es« aufzuscheinen beginnt; indem »wir« nicht mehr »für uns« meinen mit Gewalt festhalten zu müssen, was »ihr« doch »für euch« mindestens genauso nötig habt, können »sie« (alle Wesen!) glücklich sein, wird »selbst«geschütztes und liebevolles Inter-esse möglich.

»Wenn's nur wäre« meinte vor 2500 Jahren der Asket (vgl. Seite 27) und ging weiter seine eigenen selbstquälerischen Wege. Hätte er nicht vielleicht doch eine Woche lang und »nur des Versuches halber« dem Buddha folgen sollen: »Sieben Tage, was liegt daran?«

Anmerkungen

1 Eckart Kroneberg: *Buddha, Berlin-Wilmersdorf. Annäherungsversuche an den Vollerwachten.* Frankfurt: Fischer Taschenbuch Verlag, 1980, Seite 116f.

2 *Die Fragen des Königs Milinda. Zwiegespräche zwischen einem Griechenkönig und einem buddhistischen Mönch.* Aus dem Pali übersetzt von Nyanatiloka. Interlaken: Ansata Verlag, 1985, Seite 65f.

3 *Liebe auch den Gott deines Nächsten. Lebenserfahrungen beim Dialog der Religionen.* Freiburg: Herder Taschenbuch Verlag, 1989, Seite 120ff.

4 »Sarvodaya, Buddhismus und der Westen«. Ein Gespräch mit Nyanaponika Mahathera in seiner Forest Hermitage oberhalb von Kandy, Sri Lanka, am 22. März 1978. In: Detlef Kantowsky: *Von Südasien lernen. Erfahrungen in Indien und Sri Lanka.* Frankfurt/New York: Campus Verlag, 1985, Seite 71–100.

5 *Visuddhi-Magga oder Der Weg zur Reinheit. Die größte und älteste systematische Darstellung des Buddhismus.* Zum ersten Male aus dem Pali übersetzt von Nyanatiloka. Konstanz: Verlag Christiani, 1975 (3. Auflage), Seite 310.

6 *Wegzeichen. Gespräche über buddhistische Praxis mit Nyanaponika Mahathera, Karl-Heinz Gottmann, Gesshin Prabhasa Dharma, Ayya Khema, Paul Köppler, Genro Seiun Koudela, Sylvia Wetzel, Mirko Fryba, Jampa Tsedroen, Christa Bentenrieder.* Herausgegeben von Detlef Kantowsky. Universität Konstanz: Arbeitsbereich Entwicklungsländer/Interkultureller Vergleich, 1991 (Forschungsbericht Nr. 4, Projekt »Buddhistischer Modernismus«).

7 Ajahn Chah: *A Taste of Freedom.* Bung Wai Forest Monastery (Thailand), 1980, Seite 17 (zu beziehen über das Kloster Dhammapala, vgl. Seite 207).

8 Lama Anagarika Govinda: *Die psychologische Haltung der frühbuddhistischen Philosophie und ihre systematische Darstellung in der Tradition des Abhidhamma.* Wien: Octopus Verlag, 1980, Seite 83 ff.

9 Gespräch mit Ajahn Chah. In: *Ehrw. Ajahn Chah (17. Juni 1918 – 16. Januar 1992).* Gedenkheft, herausgegeben von: Dhammapala, Buddhistisches Kloster, CH-3718 Kandersteg, Frühling/Sommer 1992, Seite 8–11.

10 *Die Welt des Buddhismus.* Herausgegeben von Heinz Bechert und Richard Gombrich. München: Beck Verlag, 1984.

11 Arthur Schopenhauer: *Sämtliche Werke.* Herausgegeben von Arthur Hübscher. Wiesbaden: Brockhaus Verlag, 1972 (3. Auflage), Band VI, Seite 391.

12 Arthur Schopenhauer: *Gesammelte Briefe.* Herausgegeben von Arthur Hübscher. Bonn: Bouvier Verlag Hermann Grundmann, 1978, Seite 390.

13 Robert Falke: *Christentum und Buddhismus. Ein Vortrag gehalten im Berliner Zweigverein des Evangelischen Bundes.* Berlin: Verlag von Fritz Rühe, 1898, Seite 3.
Das beschriebene Bild kann man – mit handschriftlichem Zusatz Kaiser Wilhelms II. – in der anläßlich des zehnten Jahrestages seiner Thronbesteigung erschienenen Festschrift betrachten: G. W. Büxenstein: *Unser Kaiser. Zehn Jahre der Regierung Wilhelms II., 1888–1898.* Berlin/Leipzig/Stuttgart: Deutsches Verlagshaus Bong & Co., 1898, Seite 144.

14 Vgl. detailliert: Hellmuth Hecker: *Lebensbilder deutscher Buddhisten. Ein bio-bibliographisches Handbuch. Band I: Die Gründer.* Universität Konstanz: Arbeitsbereich Entwicklungsländer/Interkultureller Vergleich, 1990 (Forschungsbericht Nr. 1, Projekt »Buddhistischer Modernismus«) sowie als Fortführung dessen: